Lassen Sie sich Zeit. Entdecken und erleben Sie Land und Leute zwischen Loreley und Lahn. Mit dem vorliegenden Radwanderführer wollen wir Sie dazu einladen, einstimmen und auf den Geschmack bringen.

Unser Dank gilt dem Redaktionsbüro DTP creative für die Tourenbeschreibungen und dem Bouvier Verlag für Druck und Vertrieb des ersten kreisweiten Radwanderführers. Besonderen Dank sagen wir den Verbandsgemeinden Bad Ems, Braubach, Diez, Hahnstätten, Katzenelnbogen, Loreley, Nassau und Nastätten sowie der Stadt Lahnstein. Sie haben unter Federführung der Wirtschaftsförderungs-Gesellschaft Rhein-Lahn und des Referats Landes-/Bauleitplanung der Kreisverwaltung die Touren zusammengestellt und die Redakteure bei Recherchen und Darstellung der Routen mit Rat und Tat unterstützt.

Ihnen, liebe Freundinnen und Freunde des Radwanderns, wünsche ich gute Erholung, wohltuende Entspannung, sportliche Energie, angenehme Erfahrungen und schöne Erlebnisse und viele unvergeßliche Momentaufnahmen bei Ihren Radtouren und Streifzügen durch den Rhein-Lahn-Kreis. – Und radeln Sie ohne Hast und mit der nötigen Umsicht, damit Sie heil an Ihrem Ziel ankommen.

Ihr

Kurt Schmidt
Landrat des Rhein-Lahn-Kreises

„AKTIV ZU RAD"

Geführte Radtouren

Diese bisher einzigartigen Radfernweg- bzw. Radrundkursführer im handlichen Format von 22 x 22 cm bieten alles, was Sie für Ihre „Tour" benötigen: Kartenübersicht mit Streckenclip und Entfernungsangaben, benutzerfreundliches Kartenbild vorwiegend im Maßstab 1:75 000, sorgfältig recherchierte Angaben zur Erholung und Freizeitgestaltung, besondere Sehenswürdigkeiten und vieles mehr.

Radtourenplanung leicht gemacht

mit diesem Kartenwerk, das die Bundesrepublik im Maßstab 1:100 000 zeigt. Dargestellt sind für den Radfahrer wichtige Informationen wie z.B. Steigungs- und Höhenangaben, Verkehrsbelastung in Leitfarben, Radfernwege und vieles mehr. Jede Einzelkarte ist auf reiß- und wasserfestem Material gedruckt und gemeinsam mit dem informativen Begleitheft in einer praktischen Folientasche verpackt.

Vertrieb: Mairs Geographischer Verlag · Màrco-Polo-Zentrum
D-73760 Ostfildern · Telefon 07 11-45 02-0 · Fax 07 11-45 02-340

INHALT

Peer Völz

TOUR 1: **GEKRÖNTE HÄUPTER
UND STOLZE BURGEN**
Eine idyllische Fahrt über Bad Ems nach Nassau..............9

Michael Backhausen

TOUR 2: **WIR SIND NOCH LANGE NICHT
ÜBER´N BERG**
Von Nievern über Becheln
und Sulzbach nach Nassau.......................................19

Peer Völz

TOUR 3: **AUF EIGENE FAUST**
Von Bad Ems durch den Westerwald.....................................25

Peer Völz

TOUR 4: **VON ADLIGEN HÖHEN
ZUM KÖSTLICHEN WEIN**
Eine Berg- und Talfahrt zu Adligen,
Eseln und Klosterbrüdern...34

Michael Backhausen

TOUR 5: **VON RUINEN, BURGEN UND SCHLÖSSERN**
Von Nassau über Obernhof
und Balduinstein nach Diez 44

Peer Völz

TOUR 6: **ZAUBERWALD UND TRAUMBURGEN**
Märchenhafter Ausflug von Diez nach Görgeshausen,
Holzappel, Balduinstein und zurück..................................55

Ralf Schella

TOUR 7: **VON BURGEN UND POSTSTATIONEN**
Entlang der Aar von Diez nach Katzenelnbogen 66

Ralf Schella

TOUR 8: **IM REICH DER GRAFEN VON
KATZENELNBOGEN**
Ein geschichtlicher Rundkurs durch den Einrich............77

INHALT

Ralf Schella
TOUR 9: **WO SCHINDERHANNES ZUHAUSE WAR**
Von Katzenelnbogen nach Miehlen und Nastätten...........89

Peer Völz
TOUR 10: **VOM BLAUEN LÄNDCHEN ZU GRÜNEN GIPFELN**
Rundkurs von Nastätten an die Lahn 101

Arnim Kasper
TOUR 11: **VON FÄRBERN UND SCHIEFER**
Durch das Blaue Ländchen hinab zum Rhein.....................109

Arnim Kasper
TOUR 12: **MARSCHALL VORWÄRTS UND DIE DAME, DIE SCHIFFE VERSENKTE**
Geschichten zwischen Kaub und Loreley 117

Arnim Kasper
TOUR 13: **BESINNLICHES UND MERKWÜRDIGES**
Von St. Goarshausen durch den Taunus 127

Arnim Kasper
TOUR 14: **DIE LORELEY UND IHR HINTERLAND**
Von der Loreley nach Bogel und Weisel und zurück..........135

Ralf Schella
TOUR 15: **SÜSSE FRÜCHTE UND RAUHBEINIGE RITTER**
Von Kestert über Kamp-Bornhofen nach Lahnstein........143

Ralf Schella
TOUR 16: **ROMANTISCHE RHEINDÖRFER UND BENGALISCHE FEUER**
Von Osterspai in den Kamper Wald nach Braubach..........155

Stichwortregister...166

VORWORT

Liebe Gäste,
liebe Mitbürgerinnen und Mitbürger,

wer die reizvolle Landschaft im Dreieck von Rhein, Lahn und Taunus, wer unseren liebens- und lebenswerten Rhein-Lahn-Kreis mit dem Rad „erfahren" möchte, dem werden zwei Freizeitvergnügen eins:

Radfahren und Wandern. Das liegt in der charakteristischen Topographie unserer Region begründet, die zwischen Flußtälern und Gebirgshöhen wechselt.

Und so ist mit dem vorliegenden Band ein „Radwanderbuch" entstanden, das die Palette freizeitlichen Radfahrens umspannt und den unterschiedlichsten Ansprüchen und Schwierigkeiten gerecht wird. 16 ausgewählte Touren von insgesamt 462 Kilometern Länge führen teils über gut ausgebaute Radwege wie den Lahn- und Aartal-Rad- und Wanderweg, teils über Wirtschafts- und Waldwege, teils über weniger befahrene Straßen. Dabei können die angebotenen Routen nach persönlichem Belieben und wettermäßiger Notwendigkeit verkürzt oder verlängert werden.

Flache Strecken begleiten das romantische Rheintal, das Tal der stillen Lahn und das beschauliche Aartal. Anstrengende „Klettertouren" haben Sie ins Gebirge von Taunus und niederem Westerwald zu bewältigen; seien Sie aber versichert, daß Ihre Mühen immer wieder durch herrliche Augen-Blicke belohnt werden. Genießen Sie auf den Anhöhen die Ruhe und Abgeschiedenheit einer intakten Kultur- und Naturlandschaft aus Wiesen, Wäldern und Feldern. Erholsame, mitunter rasante, hier und da schwierige Abfahrten führen Sie hinunter in die Tiefen der Täler.

Kulturell und kulinarisch reizvolle Leckerbissen säumen Ihre Wege. Denn unsere Heimat ist – über den Mythos Loreley hinaus – reich an Sehenswürdigkeiten, Burgen, Schlössern, Kirchen, Denkmälern und sehenswerten Dörfern und Städten, und gastliche Küchen und Keller der heimischen Gastronomie machen Appetit auf Lukullisches.

GEKRÖNTE HÄUPTER UND STOLZE BURGEN

Eine idyllische Fahrt entlang der Lahn über Bad Ems nach Nassau

Strecke: Lahnstein - Miellen - Nievern - Fachbach - Bad Ems - Dausenau - Nassau.

Länge: Insgesamt 22 Kilometer.

Streckenbeschaffenheit: eben; hinauf zur Burg Nassau sehr steiler Anstieg. Ansonsten ist diese Strecke für normale Dreigang- oder Hollandräder tauglich.

Karte: Deutsche Radtourenkarte 30 und 31, Haupka-Verlag, Bad Soden/Taunus.

Nahverkehr: Zwischen Lahnstein und Nassau verkehrt die Lahntalbahn, die in allen Orten hält (kostenloser Fahrradtransport).

*Ü*berraschung! Pack' deinen Koffer und dann fahren wir los!" Meine Frau Angela schaut mich entgeistert an. „Was ist denn mit *dir* los?" fragt sie verunsichert. „Du und Urlaub? Oder muß ich mit auf eine Geschäftsreise?" „Nein, nein", kann ich sie beruhigen, „diesmal nur wir zwei ganz alleine. Was sagst du, wir nehmen unsere Räder mit und fahren dieses Wochenende ins Lahntal!" „Ins Lahntal? Du? Das soll doch so romantisch und beschaulich sein. Habe ich unseren Hochzeitstag vergessen oder hast du etwa was gut zu machen?" Meine Frau ist immer noch skeptisch. „Laß dich überraschen", wiegele ich ab, „und freu' dich auf eine schöne Tour."

Ein Wochenende an der romantischen Lahn

Etappe: Lahnstein - Schleuse Ahl - Wasserkraftwerk Friedrichsegen - Miellen.

Von Burgen umgeben: Stolzenfels und Lahneck

Und die starten wir in Lahnstein, wo die Lahn in den Rhein mündet. Der Radweg empfängt uns direkt am Lahnufer an der Mündung in den Rhein in Niederlahnstein und eröffnet uns einen schönen Blick auf das Schloß Stolzenfels am anderen Rheinufer sowie auf Burg Lahneck auf der gegenüberliegenden Seite der Lahn. Dem trutzigen Äußeren der Burg kann man ohne viel Phantasie entnehmen, daß sie im Mittelalter der Verteidigung diente (s. Tour 15).

Bevor wir unsere Tour so richtig begonnen haben, lese ich zu meiner Linken an einer Mauer: „Historisches Wirtshaus an der Lahn". Das will meine Frau nicht gelten lassen. „Nichts da, einkehren kannst du nachher immer noch. Jetzt laß uns erstmal radfahren." Ich beuge mich ihrem Vorschlag, weiß ich doch, daß dieses Gasthaus nicht das letzte „Wirtshaus an der Lahn" auf unserer Tour sein wird. Der grün ausgeschilderte Lahntalradweg R 36 führt uns entlang des Lahnufers schnell aus dem Ort heraus. Nachdem wir ein erstes großes Wehr und die gegenüberliegende Werft passiert haben, geraten wir mit einem Schlag in eine idyllische, beschauliche Landschaft. Die Sonne glitzert über dem gemächlich dahinfließenden Wasser. Es ist still an dem grün gesäumten Ufer um uns herum, nur vereinzelt geben Kraniche, Gänse und Enten ihren Kommentar über uns ab. Straßenlärm und Autoverkehr, adé! Dafür gleiten ab und an Schiffe über das Wasser, kleine Motorboote und Yachten, fast lautlos, als würden sie auf einem Luftkissen schweben.

Endlich in der Natur!

Der Weg, bislang eben und asphaltiert, führt immer entlang des Wassers. An der Schleuse Ahl zeigt uns ein Schild: „Radfahrer absteigen!" Es geht ein kurzes Stück bergauf und wir kommen an eine Straßenkreuzung, über die man nicht ohne weiteres hinweg fahren und vor der Überquerung absteigen sollte. Rechts von uns befindet sich ein Speiserestaurant, das „Anglerheim", von dessen Besuchern wir nicht mit dem Auto erfaßt werden möchten. Schleusen sind

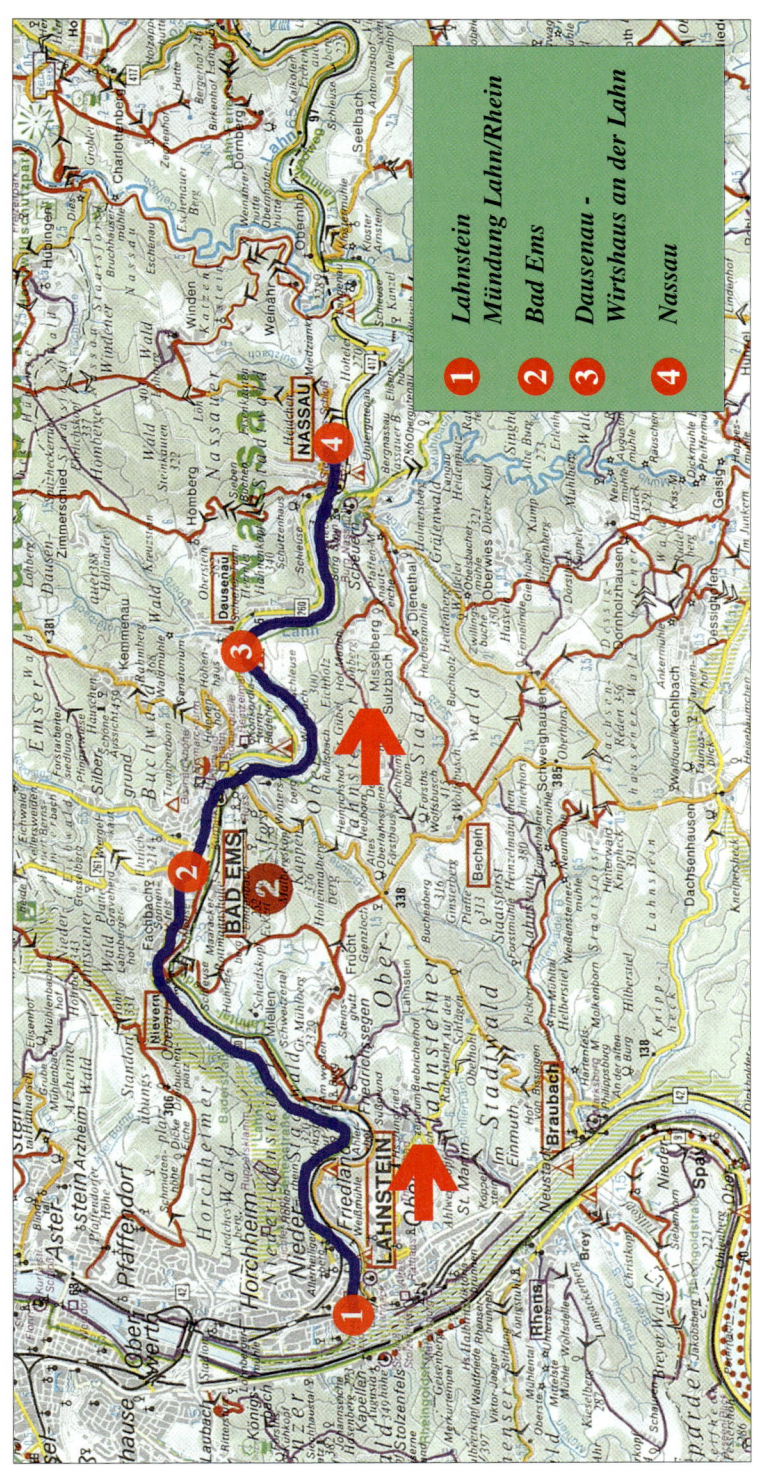

auf den gesamten 242 Flußkilometern immer wieder zu finden. Früher dienten sie dazu, schweren, auf Treidelpfaden gezogenen Lastkähnen den Weg zu bahnen, die Erze, Blei und Schiefer auf dem Wasserwege transportierten. Seit 1981 findet auf der Lahn kein Güterverkehr mehr statt.

Am historischen Wasserkraftwerk „Friedrichssegen" vor Miellen erfolgt wieder ein Warnhinweis „Engpaß! Radfahrer absteigen". Auch diese Warnung ist ernst zu nehmen und ihr Folge zu leisten. Der ziemlich ansteigende Radweg wird hier auf einer kurzen Passage zu schmal für zwei Räder, zumal, wenn ein entgegenkommendes Zweirad mit Geschwindigkeit hinabfährt. Das Wasserkraftwerk kann von Mai bis Oktober jeweils dienstags von 14-18 Uhr besichtigt werden.

Etappe: Nieverner Hütte - Fachbach - Bad Ems.

Der Radweg führt jetzt teilweise unter dichtem Blätterdach weiter an der Lahn entlang. Bunte Blumen und Büsche ködern uns mit einem berauschend aromatischen Duft, so als wollten sie uns zu sich locken und bei sich behalten. Am Campingplatz Fachbach geben sie diese Bemühungen auf, und nachdem wir linkerhand an einem Sportplatz vorbeigefahren sind, wissen wir, daß die Zivilisation uns wieder hat. Der Radweg entfernt sich vom Lahnufer, wir fahren jetzt in Bad Ems ein. Ein Schotterweg führt uns rechts entlang der *Jahnstraße* ins Zentrum.

Etappe: Bad Ems - Kurpark - Dausenau.

Ein grünes Schild weist den Weg: der Lahntalradwanderweg

Wir gelangen nun an eine Kreuzung. Hier müssen wir die Straße überqueren und folgen dem grünen Schild auf der gegenüberliegenden Seite „Radwanderweg R 36". Wir unterqueren die Kreuzung, indem wir durch die Unterführung und sofort wieder rechts auf der anderen Seite hinauffahren. Oben angekommen,

Bad Ems

wenden wir uns nach links, ausgeschildert ist der Radweg „R 36" Richtung Dausenau, parallel zur *Viktoriaallee*. Wir radeln auf dem jetzt wieder asphaltierten Weg am Emser Thermalbad vorbei und werden durch ein Parkplatzgelände geführt. Kurz vor der rechts auftauchenden Kirche weist uns ein auf den Boden gemalter weißer Pfeil scharf nach rechts, dann wieder nach links, hinter der Kirche vorbei. Am Flußufer passieren wir eine hübsche Liegewiese, wo sich auch einige leicht bekleidete Damen und Herren in der Sonne rekeln. Meine Frau und ich können uns das allerdings abschminken. Ein Schild weist uns darauf hin: Die Wiese bleibt Kurkarteninhabern vorbehalten.

Entspanntes Kuren am Ufer der Lahn

Wir gelangen an einen Zebrastreifen. Jetzt heißt es absteigen und ca. 120 Meter schieben – aber nicht geradeaus, sondern rechts über die Brücke. Denn geradeaus in den Kurpark dürfen wir mit unseren Rädern nicht, stellen wir verwundert fest. Also zu Fuß über die Brücke. Wir biegen aber links ab, um auf der *Wilhelmsallee* weiterzufahren. Denn von hier aus präsentiert sich uns das Panorama von Bad Ems auf dem anderen Lahnufer im Sonnenglanz in seiner ganzen Schönheit. Kurhaus und Casino

Postkarten-panorama: Kurhaus und Casino in Bad Ems

haben ihre Promenade mit bunten Blumen geschmückt. Wie in einen Dornröschenschlaf versetzt, den Glanz des vergangenen Jahrhunderts repräsentierend, breitet sich dieses Postkartenpanorama vor uns aus, daß ich fast versucht bin, nach dem Kaiser Ausschau zu halten....

Den Kaiser treffen wir tatsächlich, allerdings nur als Büste im Kurgarten. Diesen, den Garten nämlich, dürfen wir jetzt besichtigen, denn wir haben nach Überquerung der *Bahnhofsbrücke* die Räder vor dem Kurpark abgestellt. Kaiser Wilhelm I. residierte während seiner Regierungszeit so regelmäßig in Bad Ems, daß der Kurort als „Sommerhauptstadt Europas", und „Paris an der Lahn" tituliert wurde. Klar, daß sich durch die Präsenz der hochherrschaftlichen Hohenzollern auch andere Mitglieder der High-Society des 19 Jh. angezogen fühlten. Wie heutzutage in Cannes oder Monaco, jeder, der etwas auf sich hielt, mußte Bad Ems besucht haben. Die Reihe illustrer Namen und gekrönter Häupter ist schier endlos: Ob Goethe, Carl Maria von Weber oder die Russenzaren, ob die russischen Dichter Dostojewski oder Gogol, ob Franz Liszt oder Clara Schumann, oder Adelige und Herrschaften aus ganz Europa – sie alle wollten in Bad Ems kuren, Bad Ems war „en vogue". Die 1876 erbaute Russische Kirche erinnert an die Zeit, als jährlich hunderte russischer Kurgäste zur Kur nach Bad Ems anreisten.

Das Paris an der Lahn, in dem sich schon gekrönte Häupter ein Stelldichein gaben

Gekrönte Häupter oder Adelige oder ähnlich mondän gekleidete Leute treffen wir bei unserem Spaziergang durch den hübsch angelegten ruhigen Kurpark nicht mehr. Alles scheint eher „ganz normal" abzulaufen. Hier sprudeln täglich zwei Millionen Liter Heilwasser aus der Erde, aus immerhin 18 Quellen und 35-57 C° warm. Die Kurkliniken sind auf die Bismarckhöhen hinaufverlegt worden und mit der steilen und schnellen Kurwaldbahn zu erreichen. Daß Bad Ems vor allem beim russi-

Hier sprudeln die heißen Quellen

schen Adel beliebt war, erkennen wir auch an der russischen Kirche, die vom Kurpark gesehen sich deutlich vom restlichen Stadtbild unterscheidet. Auf unserem Rückweg erreichen wir den „Platz der Partnerschaften". Hier wurde dem französischen Gesandten am 13. Juli 1870 um 9.10 Uhr die berühmte „Emser Depesche" des Kaisers überreicht. Ihre Verfälschung durch Reichskanzler Bismarck führte zum deutsch-französischen Krieg 1870/71. Bad Ems, wahrhaftig ein historischer und sehenswerter Ort, meine Frau und ich sind uns einig.

Einig sind wir uns auch, daß wir die älteste Spielbank Deutschlands heute nicht betreten werden. Darauf sind wir sowohl kleingeld- als auch kleidungsmäßig nicht eingestellt. Und: die Spielbank ist zwar täglich, aber erst ab 16.00 Uhr geöffnet. So lange wollen wir nicht warten, denn heute haben wir uns Nassau als Ziel gesetzt. Wir brechen auf und lassen das sehenswerte Kursaalgebäude, die Restaurationsterrassen, Kurtheater und den imponierenden Kaisersaal hinter uns. Jetzt aber auf's Rad, und von der Vergangenheit wieder zurück in die Gegenwart.

„Alles auf die 17"
und „rien ne va
plus"

Wir überqueren nun über die *Bahnhofsbrücke* erneut die Lahn, fahren rechts etwa 100 Metern die *Mainzer Straße* entlang und biegen dann, den Schildern nach Braubach und Becheln folgend, links in die *Badhausstraße* ein. In unmittelbarer Nähe dieser Abzweigung steht der Quellenturm, vor dem sich ein Fahrradverleih, eine Minigolfanlage und ein Imbiß befinden. Wir folgen der *Badhausstraße* durch die Bahnunterführung wieder etwas bergauf und treffen auf die *Braubacher Straße*.

Etappe: Braubacher Straße - grünem Radwegeschild links folgen in die *Kapellenstraße* - Unterführung - rechts weiter - T-Gabelung - links „R 36" nach - geradeaus, bis zum Café/Restaurant „Hallgarten" - hier links und sofort wieder rechts zu einer Brücke, die die Bahngleise überquert (ausgeschildert R 36).

Wir verharren kurz und schauen auf das mittelalterliche Panorama von Dausenau mit Stadtmauer und alten Fachwerkhäusern. Stumm hebe ich meinen Arm und weise auf einen weithin lesbaren Schriftzug entlang der Mauer: „Wirtshaus an der Lahn" steht da in großen Lettern und ich schaue meine Frau bittend an. „Oh nein, wir haben gerade gerastet, ich möchte mir noch die Nassauer Burg anschauen!" Ich gebe nach. Ob Angelas Verhalten von dem anzüglichen Ruf dieses Wirtshauses beeinflußt worden ist? Kaufleute, Soldaten und Reisende sollen das „Wirtshaus an der Lahn" nicht nur zwecks Nahrungsaufnahme und Durst besucht haben. Welches nun das historische Wirtshaus ist, in dem Frau Wirtin früher selbst Hand anlegte, ist ungewiß. Und deshalb streiten sich entlang der Lahn mehrere Gaststätten um diese „Auszeichnung".

Wir fahren nun auf der Brücke in einem leichten Anstieg über die Bahngleise und nach deren Überquerung links weiter. Der Weg ist abwechslungsreich durch Feld- und Waldpartien mit kleinen Anstiegen zwischendurch und zwei angenehmen „Abfahrten", auf denen man sich genußvoll „rollen" lassen kann. Wir müssen dann kurz vor Nassau nochmals links-rechts die Bahnlinie überqueren, treffen an eine T-Gabelung auf einen Reiterhof. Am Reiterhof fahren wir rechts durch das Gewerbegebiet von Nassau in Richtung Ortszentrum. Wir folgen der Straße geradeaus weiter an einer Tankstelle vorbei und haben jetzt vor uns das Panorama der Nassauer Burg mit dem Steinschen Denkmal darunter, das dem Goethe-Freund und Humanisten Heinrich Friedrich Karl Freiherr vom und zum Stein gedenkt, der 1757 auf seinem Stammsitz in Nassau geboren wurde. Von diesem 120 Meter über dem Tal gelegenen Denkmal hat man einen schönen Blick auf das Tal. An der nun folgenden Unterführung folgen wir

Die noch gut erhaltene Ringmauer von Dausenau erinnert an die Stadtrechte von 1348

Panorama entlang der Lahn

dem Radwanderschild „Nassau/Obernhof"
nach links, fahren unter der Straße her rechts
den Schildern folgend weiter. Diese weisen uns
jetzt wieder zurück an den Fluß und führen uns
geradewegs zur Kettenbrücke. Der Radweg endet an der Brücke und wird nach 400 Metern
geradeaus oberhalb der B 260, die hier *Bezirks-
straße* heißt, weitergeführt. Diese Strecke soll
man auf der linken Bürgersteigseite hinauf-
schieben.

Etappe: Burg Nassau

Das tun wir, denn wir wollen noch zur Burg
hinauf. Auf dem Scheitelpunkt der Straße angekommen, führt links hinab der Lahntal-Rad-
und Wanderweg zum Kloster Arnstein (s. Tour
5). Auf der anderen Seite erblicken wir ein
Schild: Zur Burg. Es geht so steil hinauf, daß
wir beschließen, unsere Räder abzustellen und
zu Fuß zu gehen.

Oben angekommen, sind wir ganz schön ins
Schnaufen gekommen, aber der Aufstieg hat
sich gelohnt. Die restaurierte Burg, bei der Palas
und Bergfried wiederaufgebaut wurden und in
der sich heute auch ein Restaurant befindet,
wurde von den Grafen von Laurenburg zu Be-

*Ein Rundblick
vom 20 Meter
hohen Turm der
Burg Nassau*

ginn des 12. Jahrhunderts erbaut. Besonders der gewaltige und bedrohliche Bergfried hat es uns angetan. Der über 20 Meter hohe achteckige Turm ist geschmückt mit Wappen und Wimpeln, die aus den Zinnen hervorstechen. Kein Burgfräulein winkt mir oder schreit um Hilfe, deswegen nehme ich meine Frau mit hinauf, denn der Turm ist begehbar. Und das ohne Eintritt, stelle ich erfreut fest. Oben pfeift uns der Wind um die Ohren, und beim Blick von den Turmzinnen hinab muß ich mich festhalten. Schwindelfrei müssen die Ritter damals schon gewesen sein, für mich wäre das nichts gewesen. Mein „Burgfäulein" Angela steigt mit mir ebenfalls leicht schwankend über die enge Wendeltreppe wieder hinab.

Müde, aber voller neuer Eindrücke steigen wir den Weg hinab in den Ort. Wir werden in Nassau übernachten, den Abend genießen und am nächsten Tag zu einer weiteren Radtour starten im Land der Lahn.

WIR SIND NOCH LANGE NICHT ÜBER'N BERG

Von Nievern über Becheln, Sulzbach nach Nassau

Strecke: Nievern - Forsthaus - Becheln - Sulzbach - Dienethal - Bergnassau - Nassau.

Länge: Insgesamt 21 Kilometer.

Streckenverlauf: Teilweise sehr starke Anstiege, oftmals über Wald und Wiesenwege, die nach Niederschlägen schlammig werden können.

Karte: Deutsche Radtourenkarten 30 und 31, Haupka-Verlag, Bad Soden/Taunus.

Nahverkehr: Zwischen Nievern und Nassau verkehrt die Lahntalbahn (kostenloser Fahrradtransport).

*A*ls mir bei der Redaktionskonferenz eröffnet wurde, „Und Du fährst nach Nassau", kannte die Freude kein Halten mehr! Eine Tour auf die Bahamas! Vor meinem geistigen Auge sah ich mich schon unter Palmen an einem weißen karibischen Sandstrand liegen, umringt von einer Schar kaffeebrauner Bewunderinnen und dienstbeflissener Schönheiten, willens, mir jeden Wunsch von den Augen abzulesen – und all das akustisch untermalt von den Klängen der Calypsomusik und dem Rauschen des Meeres.

Karibisches Flair und Calypsomusik?

Knapp zwei Wochen später ist es dann soweit: Ich bin auf dem Weg nach Nassau. Die Sonne lacht vom strahlendblauen Himmel – lacht herzlich über den Träumer, der so bitterböse von der Realität einge- und überholt worden ist. Denn mein Zielort liegt keineswegs auf

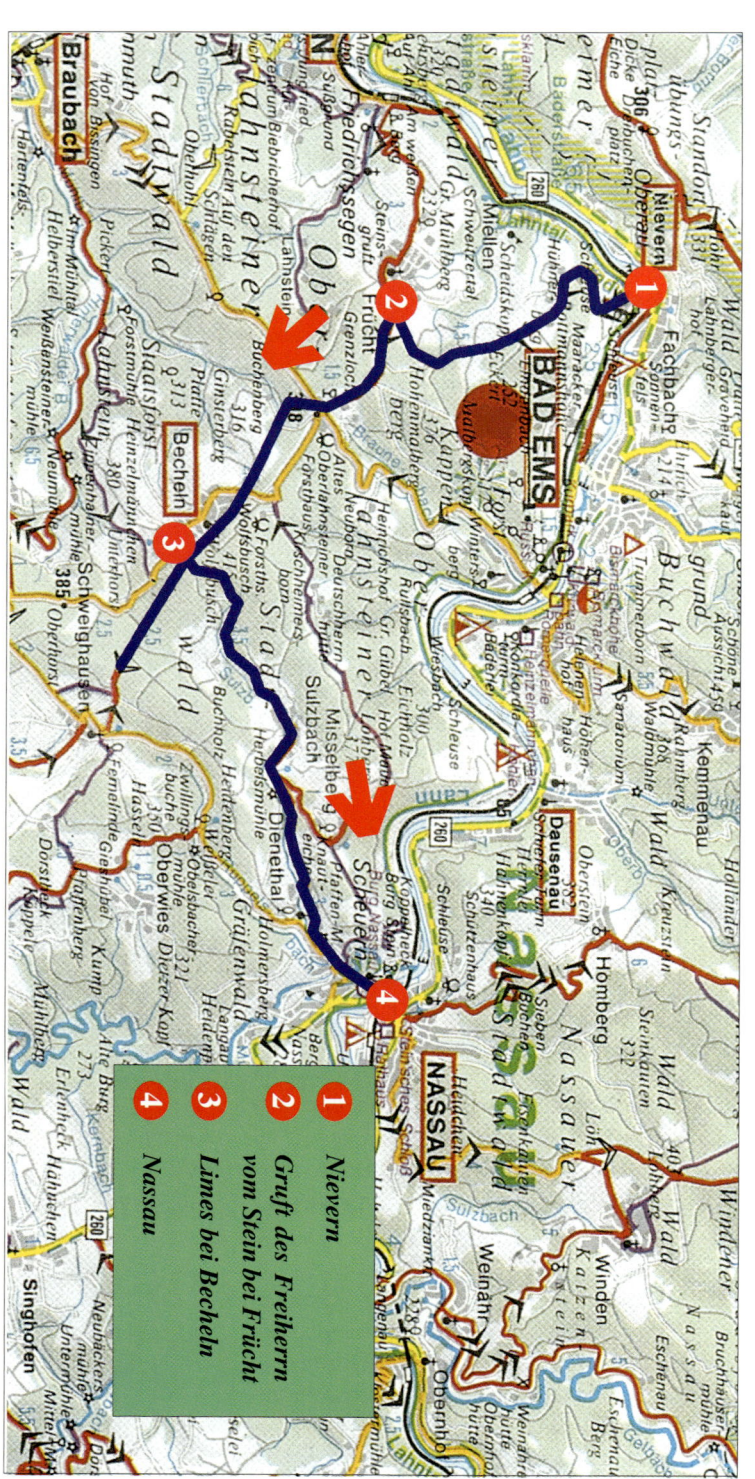

1 Nievern
2 Gruft des Freiherrn vom Stein bei Frücht
3 Limes bei Becheln
4 Nassau

einer meerumtosten Insel im Atlantik, sondern wird sanft umspült von den Fluten der Lahn.

Daraus aber abzuleiten, daß es auch entsprechend einfacher oder unbeschwerlicher ist, diesen netten, gemütlichen Ort – und das ist er wirklich – zu erreichen, wäre ein Trugschluß. Zumindest dann, wenn man von Nievern aus über Frücht dorthin gelangen möchte (Parkplatz Hotel Lahneck in Nievern). Das Problem hierbei ist, daß sich – kaum hat man die Bahngleise überquert und sich auf die *Früchter Straße* begeben – erstmal ein Höhenzug vor dem wackeren Fahrensmann auftürmt. „Frücht 5 km" spottet das Schild über die dem Radfahrer bevorstehenden Mühen.

Schon nach knapp 100 Metern muß ich den löblichen Vorsatz verwerfen, die Eroberung des Anstiegs „hoch zu Roß" zumindest mal zu versuchen. Fast schon quixotisch, so ein Ansinnen. Also sitze ich ab und schiebe – vielleicht dauert der Anstieg ja gar nicht so lange. Tut er aber. Und er dauert immer länger; ein Ende scheint nicht absehbar. Und wenn es den Beweis zu erbringen gilt, daß „Wer sein Fahrrad liebt, der schiebt", brauche ich mir nichts vorzuwerfen. Geschlagene – besser gesagt geschobene – drei Kilometer dauert es, dann ist endlich, endlich der Scheitelpunkt dieser Königsetappe erreicht, Radfahren ist wieder möglich. Es geht verhältnismäßig eben weiter, sogar mit teilweisen Senkungen. Na, warum nicht gleich so? So kann's weitergehen.

Am Friedhof von Frücht, das übrigens ein hübsches Dorfbild aufweist, steht die Gruft des Freiherrn vom und zum Stein. Der 1757 in Nassau geborene Stein wurde 1804 preußischer Staatsminister und ein Gegenspieler Napoleons. Bekannt wurde er vor allem als einer der führenden Köpfe der preußischen Reformer, die verkrustete Strukturen des untergegangenen Reiches aufbrechen und ein erneuertes Deutschland schaffen wollten. Zu seinen wichtigsten

Statt einer flachen Insel warten Höhenzüge auf den Fahrensmann

Wer sein Fahrrad liebt, der schiebt

21

Weit reichen die Blicke über das Land

Maßnahmen gehörte die Aufhebung der Leibeigenschaft in Preußen 1808. Mit seiner Städteordnung begründete er die moderne kommunale Selbstverwaltung. Zur Zeit der deutschen Kleinstaaterei, bis 1806, hatte Stein einen Zwergstaat, der nur aus den beiden Dörfern Frücht und Schweighausen bestand. In der Familiengruft in „seinem" Dorf Frücht fand er 1831 seine letzte Ruhestätte.

Freiherr vom und zum Stein und „sein" Frücht

Da ich aber über Becheln nach Nassau will, führt meine Route an der Straßeneinmündung der Kreisstraße 65 in die Kreisstraße 67 oberhalb von Frücht links weiter bergauf.

An der nächsten großen Kreuzung treffe ich rechterhand auf das Restaurant „Forsthaus". Ich ignoriere die Verkehrsschilder, überquere die Kreuzung. Gegenüber dem Restaurant auf der anderen Straßenseite befindet sich ein Parkplatz. Von dort fahre ich rechts in den Waldweg, der in den Parkplatz mündet. Auf einem Baumstamm befindet sich ein blaues Rechteck mit W2 als Kennzeichnung für diesen Weg. Der Weg führt zunächst bergab in den Wald, dann erwartet den Radler eine leichte Steigung. Ich folge dem Weg, biege am ersten unbefestigten Waldweg links ab und halte mich dann immer auf diesem Weg in Richtung Becheln. Dieser Waldweg führt nun auf die Höhe aus dem Wald durch Felder hindurch und ermöglicht eine freie Sicht auf die Höhen des Taunus und über das Rheintal mit der Marksburg zu den Hunsrückhöhen. Als dieser Weg wieder auf die L 333 trifft, überquere ich diese und folge geradeaus dem Schild zum Dorfgemeinschaftshaus/Restaurant „Wolfsbusch". Vom Parkplatz des Dorfgemeinschaftshauses aus kann man die Radtour starten, wenn man die Steigungen vermeiden möchte und zunächst mit dem Auto bis hierhin fährt. Ich lasse das Dorfgemeinschaftshaus rechterhand liegen, fahre über die Fahrrampen des Gemeindeweges und treffe in Becheln auf die *Waldstraße*, die – nomen est omen, wenn ich links weiter leicht bergauf fahre – auf den Wald zuführt. An einem Gehege, in welchem sich recht urzeitlich aussehende Spezies der Familie der Rinder befinden, teilt sich der Weg. Hier muß ich rechts abbiegen und am Waldessaum entlangfahren.

Doch vorher will ich aber noch einen Blick auf den Limes werfen. Nur wenige Meter neben dem Weg am Waldsaum oberhalb der Gemeinde Becheln im Wald sind Wall und Graben des Bauwerks teilweise noch gut erhalten. Links des Weges finden sich am Sportplatz Becheln weitere Spuren der ältesten Vergangenheit: Hügelgräber. Ich fahre den Limesweg also ab und wieder zurück und biege dann links ab in Richtung Sulzbach.

Alternative (kompletter Limesweg): Ich fahre den Limesweg oberhalb von Becheln ab, wieder zurück, überquere die Kreisstraße K6 und folge dem Limesweg weiter bis zu seiner Einmündung in die K8, kehre auf gleichem Weg wieder zurück und biege auf die K6 rechts ab

Groß ist der Jubel, denn von nun an geht es bergab: Sulzbach, Dienethal, Bergnassau - nur

**TOUR 2
Nievern**

In Becheln leben noch urzeitlich aussehende Rinder

Am einstigen römischen Grenzwall: dem Limes

mehr vorbeihuschende Namen und Ortsflecken auf einem nicht mehr aufzuhaltenden Siegeszug! Vollends versöhnt bin ich dann, als sich mir auf einmal der Blick auf die hoch oben auf einem Fels thronende Burg Nassau öffnet – ein erhabener Anblick. Dann geht´s weiter nach links nach Scheuern. Immer näher rückt die Burg – jetzt bin ich schon direkt unterhalb des Burgfelsens.

In Scheuern passiere ich die Mühlbachbrücke und biege in der nächsten Rechtskurve nach links ab. Vor der nächsten Mühlbachbrücke folge ich der Radwegbeschilderung auf den Philosophenweg. Hier wanderte der Freiherr Karl vom und zum Stein, der große Sohn der Stadt Nassau, sehr gerne und formulierte hier auch wohl Gedanken zu den großen Reformen.

In ebener Fahrt entlang des Burgberges endet dieser am Lahntalrad- und Wanderweg. Ich biege nach rechts ab in Richtung Nassau.

Und als ich dann nach vollbrachter Tat zum Ausklang des Tages in Nassau an der Uferpromenade auf einer Bank sitze und auf den Sonnenuntergang warte, male ich mir in Gedanken aus, wie das jetzt wohl irgendwo in der fernen Karibik wäre...

AUF EIGENE FAUST

Von Bad Ems durch die Höhenzüge des Westerwaldes

TOUR 3
Bad Ems

Strecke: Bad Ems - Arzbach - Römerquelle - Römerturm - Welschneudorf - Dausenau - Bad Ems.

Länge: Insgesamt 31 Kilometer.

Streckenbeschaffenheit: mittelschwere bis starke Steigungen wechseln mit steilen Abfahrten; Asphalt und unbefestigter Waldboden; zum Schluß entlang der Lahn eben. Diese Tour ist nur mit Trekking- oder Mountainbike machbar.

Karte: Deutsche Radtourenkarte 30 und 31, Haupka-Verlag, Bad Soden/Taunus.

Nahverkehr: Regelmäßige Busverbindungen zwischen den einzelnen Ortschaften.

M eine heutige Tour mache ich auf eigene Faust. Sportlich ambitioniert habe ich meine Frau in Nassau gelassen und möchte heute so richtig loslegen. Des weiteren habe ich mir überlegt, daß es sehr entspannend wirken könnte, die Einsamkeit und ländliche Ruhe der Höhenzüge rechts und links der Lahn allein zu erradeln. Außerdem denke ich immer noch an das „Wirtshaus an der Lahn" in Dausenau (s. Tour 1), das ich noch besuchen wollte... Also fahre ich mit der romantischen Lahntalbahn von Nassau nach Bad Ems, mein Rad und ein bißchen Proviant im Gepäck. Das Transportieren des Rades in der Bahn ist überhaupt kein Problem, für Fahrräder gibt es spezielle Waggons. Und was noch besser ist: der Fahrradtransport ist kostenlos.

Sportlich ambitioniert in die Höhenzüge entlang der Lahn

Etappe: *Marktstraße* hoch - *Bleichstraße*. Diese mündet in eine Kreuzung (links Schilder nach Koblenz/Wiesbaden, rechts nach Montabaur). Kreuzung überqueren und auf schmalem Weg, einem ehemaligen Bahndamm, weiter (Wanderweg G 2) - LKW-Werkstatt vorbei - Wendehammer auf eine Straße (Laternenpfeiler sind mit rotem Quadrat und einer 2 gekennzeichnet) weiter „G2" nach - Schotterweg führt unter einer dicht bewaldeten Baumallee her – diese fahren wir geradeaus, bis wir auf die Landesstraße (L 329) treffen - Landstraße nach links bis nach Arzbach - Ortsteil Bierhaus.

Es geht nun die Landesstraße (L 329) in leichter Fahrt bergauf bis nach Arzbach, Ortsteil Bierhaus. Die Straße führt durch dichten Wald. Das dichte Laubwerk der Bäume spendet Schatten. Es ist angenehm kühl und die Sonnenstrahlen können mir nicht viel anhaben. So komme ich trotz des Anstiegs nicht allzu sehr ins Schwitzen.

Für solche Radfahrer, die nach dieser ersten Etappe eine Verschnaufpause brauchen, bietet sich der Landgasthof „Altes Bierhaus" an, den ich linkerhand entdecke, als ich in den Arzbacher Ortsteil Bierhaus hineinfahre. Dieses schöne Anwesen mit seinem schmucken Biergarten ist ein idealer Rastplatz für Radwanderer. Auch ich kann nicht widerstehen und halte zu einer Rast an, um dem Namen des Ortes ein Opfer zu bringen, sprich: ein großes Glas des namensgebenden Getränkes zügig auszutrinken.

Von der Gaststätte aus fahre ich quasi geradeaus weiter Richtung Arzbach. Ein grünes Schild auf der gegenüberliegenden Straßenseite WW 1 unterstützt meine Wegewahl. Ich kann nun über die Landstraße nach Arzbach hineinfahren oder auf halber Strecke parallel einen weniger befahrenen Weg nehmen, der nachher wieder am Ortseingang auf die Landstraße trifft. Allerdings ist das mit einer kleinen Steigung verbunden, die ich auf der wenig befahrenen Landstraße umgehen kann. Unmittelbar nach Ortseingang folge ich dem gelben Schild nach Kemmenau. Bis nach Welschneudorf sind es jetzt noch 4,5 Kilometer. Ich kämpfe mich die *Kemmenauer Straße* hinauf und folge den Hinweisschildern nach Kemmenau und Welschneudorf. Steil, steil geht es wieder hinauf. Ich komme jetzt an der Römerquelle vorbei, aus der das Römerkastell Arzbach im 1. bis 3. Jh. nach Christus mit Wasser versorgt wurde. Heute ist das ein schattiges Plätzchen mit Bänken zum Ausruhen, die Quelle selbst sprudelt weiterhin wie schon seit der Römerzeit im hinteren Hangbereich aus einer nunmehr in Bruchsteinen gefaßten und mit Eisengittern geschützten Höhle. Unter mir liegt jetzt der Ort, das friedvolle Läuten von Kuhglocken ist bis zum nächsten Auto das einzige Geräusch menschlicher Zivilisation, fast glaube ich mich in den Alpen.

Etappe: Römerturm - Kemmenau - Welschneudorf.

Nach der Römerquelle muß ich achtgeben: an einer steilen Rechtskurve geht links ein Feldweg ab mit einem Schild: „Einfahrt verboten!" Das ist aber mein Radweg, wie die an dem Schild befestigten grünen Radwegezeichen klarmachen, die allerdings von der Straße schlecht erkennbar sind. An einem Grillplatz, der Augsthütte treffe ich wieder auf die Straße, fahre aber hier links in den Wald hinein, den Schildern Richtung Römerturm, den „Drei Kreuzen" und Welschneudorf folgend sowie dem Radwegezeichen WW 1. Nach ca. 100 Metern geht es recht hinauf auf dem Teufelskopf zum Römerturm. Dieser Wachturm des Limes, wie wir ihn heute vorfinden, wurde auf dem alten römischen Steinturm rekonstruiert und bietet eine tolle Rundsicht auf die Umgebung.

Nach dem Abstecher zum Turm fahre ich den Weg, an dem ich abgebogen bin, zurück

Das Römerkastell bei Arzbach und die Römerquelle

Der römische Wachturm

zur „Augsthütte", wende mich auf der „K2" links weiter den Berg hinauf. Schattige und hohe Bäume überall um mich herum erfreuen mich und lenken mich ab auf der immer noch ansteigenden Fahrt.

Auch diese Straße führt mich weiter steil nach oben. Gerade als ich den Scheitelpunkt erreicht habe, fahre ich rechts an einem breiten Waldweg vorbei, der auf die Straße trifft. Diesen nehme ich noch nicht, sondern den zweiten Waldweg nach rechts kurze Zeit später. Denn ich will „Zur schönen Aussicht", mit 459 Metern der höchste Punkt der Verbandsgemeinde Bad Ems. Ein braunes Holzschild rechts an einem Baum an der Waldwegmündung zeigt mir, wo es lang geht. Allerdings muß ich genau hinschauen, denn das Schild hängt an der von uns abgewandten Seite des Baumes. Der beschilderte Weg hinauf ist zwar etwas mühsam, aber dafür werde ich mit einem herrlichen Blick über die Höhen des Taunus belohnt. Hier oben, zwischenzeitlich etwas versteckt im Wald, befindet sich auch das in der Region bekannte Ausflugslokal „Schöne Aussicht", in dessen Biergarten man bei einem Kaffee oder einem Erfrischungsgetränk entspannen und den Ausblick genießen kann.

„Zur schönen Aussicht"

Zurück fahre ich auf demselben Weg, den ich gekommen bin, wieder bis zur Landstraße. Wenn ich den Ort Kemmenau besichtigen möchte, so folge ich einfach dem Fahrweg des Lokals. In Kemmenau, einem typischen Dorf der Region, lockt eine Kneippanlage, die eventuell doch verspannten Radler-Beine zu erfrischen.

Wenn mein Rückweg wieder auf die Kreisstraße 2 trifft, von der ich „Zur schönen Aussicht" abgebogen bin, fahre ich jetzt links die Straße hinab und auf dem nächsten Waldweg rechts Richtung Welschneudorf. Auch hier zeigt ein braunes Schild, das an der Wegmündung in die Straße an einem Baum befestigt

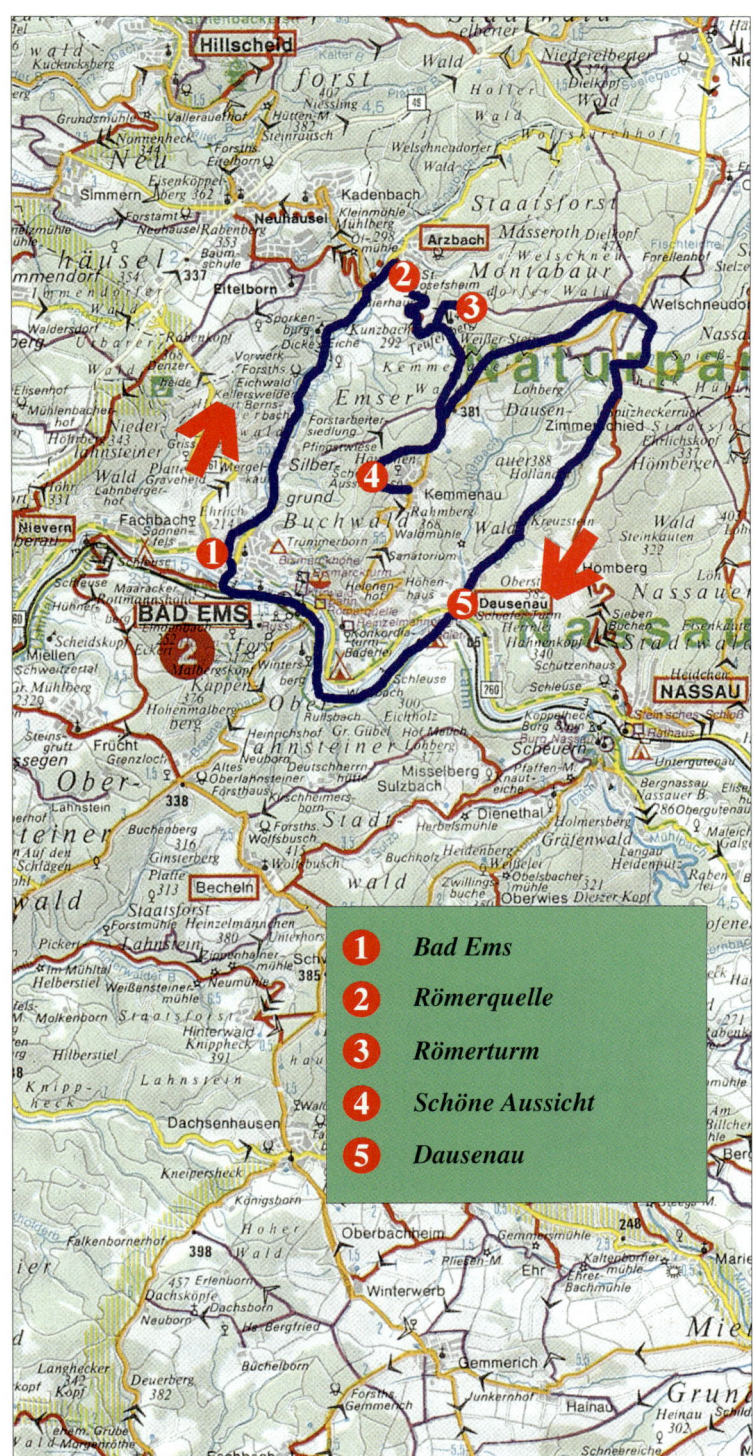

1	*Bad Ems*
2	*Römerquelle*
3	*Römerturm*
4	*Schöne Aussicht*
5	*Dausenau*

ist, die Richtung an. Der Weg ist außerdem mit W2 markiert und dieser Markierung folge ich bis Welschneudorf. Der angenehm zu befahrende Weg verläuft parallel zur Landstraße 327 und wechselt zwischen Wald und offenen Flächen. In Welschneudorf fahre ich rechterhand an einem Spielplatz vorbei und treffe dann auf die *Arzbacher Straße*, in die ich nach rechts abbiege.

Etappe: Arzbacher Straße - grünen Schildern WW1/WW3 folgen - *Montabaurer Straße links* - an der Gaststätte „Westerwälder Hof" rechts - WW1 - an der Kirche vorbei geradeaus an den Vieh- und Pferdekoppeln vorbei auf einer Art landwirtschaftlichem Weg weiter - links dem Schild WW 5/3 folgen bis zur Kreisstraße 173.

Auf dieser fahre ich nach rechts bis zur Einmündung in die Landstraße L330, wo ich nach links in Richtung „Nassau" abbiege. Nach zirka 50 Metern geht es dann am Waldrand rechts ab dem Wander-Wegweiser „Dausenau 1 1/2 Stunden" folgend. Es geht wieder in den Wald. An der nächsten Gabelung rechts abwärts. Ich folge dem breiten Hauptweg geradeaus, der mich in einer kontinuierlichen angenehmen Abfahrt Richtung Dausenau führt. Der Weg führt durch wunderschönen, dichten grünen Mischwald und mehr als einmal stoppe ich meine Fahrt, um die angenehme Kühle zu genießen und die wunderbare Stille dieser Waldeinsamkeit in mich aufzunehmen.

Nachdem ich aus dem Wald herausgekommen bin und den Ortsrand von Dausenau erreicht habe, kann ich hier auf der rechten Seite im Biergarten des Restaurants „Castormühle" einkehren. Ich habe nun die Qual der Wahl: wollte ich doch eigentlich dem „Wirtshaus an der Lahn" einen Besuch abstatten. Was ich denn auch mache, so schwer es mir fällt, das gemütliche Restaurant „Castormühle" auszusparen. Vielleicht das nächste Mal.

Der Römerturm bei Arzbach

Bevor ich dem „Wirtshaus an der Lahn" einen Besuch abstatte, fahre ich mit meinem Rad geradewegs auf ein schmuckes Fachwerkhaus zu, das sich auf der anderen Seite der Bundesstraße befindet, vor der ich jetzt halte. Dieser beeindruckende rot-weiße Bau ist das Rathaus von Dausenau und gleichzeitig das zweitälteste Fachwerk-Rathaus in Deutschland.

Ich wende mich nun zum „Wirtshaus an der Lahn" rechts daneben. Bei einem Glas Gersten-

Das „Wirtshaus an der Lahn" in Dausenau mit der alten Stadtmauer

Das „Wirtshaus an der Lahn"

saft überlege ich, ob ich die gutaussehende schlanke junge blonde Bedienung scherzhaft fragen sollte, ob sie mit der legendären „Wirtin von der Lahn" verwandt sei. Da solch eine Frage jedoch mißverstanden werden könnte, verkneife ich sie mir und setze alsbald meinen Weg in Richtung Bad Ems fort.

Dausenau: das „Rothenburg an der Lahn"

Auf meinem Weg durch Dausenau wird mir klar, warum dieser Ort das „Rothenburg an der Lahn" genannt wird. Viele gut erhaltene, liebevoll restaurierte und herausgeputzte Fachwerkhäuser, die bogenverzierte Stadtmauer mit Wehrgang (14. Jh.), die archaischen Stadttore, all das hat viele Ähnlichkeiten mit der Stadt in Bayern. Und noch eine berühmte Stadt hat eine Analogie in Dausenau: Das 28 Meter hohe Obertor bergwärts ist auch als „Schiefer Turm" bekannt. Es hängt zweieinhalb Meter über, und da ist die Assoziation zu Pisa mit seinem Turm nicht weit.

Etappe: durch das Untertor zum Radweg - über die Lahnbrücke - hinter dem Café Hallgarten den Radwegen durch die Felder folgen - Lahnufer - grünes Schild weist durch eine Unterführung - *Kapellenstraße - Braubacher Straße* - rechts durch die Bahnunterführung - *Wilhelmsallee* am Quellenturm.

Eine anstrengende und gleichzeitig erholsame Tour mit vielen Begegnungen ist zu Ende. Ich bin rundum zufrieden.

VON ADLIGEN HÖHEN ZUM KÖSTLICHEN WEIN

TOUR 4
Nassau

Eine Berg- und Talfahrt zu Adligen, Eseln und Klosterbrüdern

 Strecke: Nassau - Adelsheimer Hof - Steinsches Schloß - Winden - Kreuzeiche - Hübingen - Dies - Weinähr - Schloß Langenau - Obernhof - Kloster Arnstein - Nassau.

 Länge: Insgesamt 26 Kilometer.

 Streckenbeschaffenheit: mehrere Anstiege, sehr steiler Anstieg Richtung Winden, wunderschöne Fahrt durch das Gelbachtal; teils asphaltiert, teils auf Schotter und Waldwegen. Trekkingrad ist nötig.

 Karte: Deutsche Radtourenkarten 30 und 31, Haupka-Verlag, Bad Soden/Taunus.

 Nahverkehr: Zwischen Obernhof und Nassau verkehrt die Lahntalbahn; ansonsten Überlandbusse, die aber nicht alle Orte anfahren.

Von der Lahn in die Höhen des Westerwaldes

*N*achdem meine Frau Angela und ich in einem der netten kleinen Gasthäuser Nassaus übernachtet und ausgiebig gefrühstückt haben, möchten wir uns zunächst Nassau noch etwas näher anschauen. Dann wollen wir zu einer Tour auf die angrenzenden Höhen des Westerwaldes starten. Diese wird zwar wesentlich anstrengender werden als die gestrige Radtour am Fluß entlang, wir haben aber mit Absicht diese Alternative gewählt, um den zweiten Tag unseres Radwochenendes in einen landschaftlichen Kontrast zu setzen. Zur Idylle des Wassers gestern erwartet uns heute das weite Land, die Idylle des Landes.

Etappe: Nassau - Adelsheimer Hof - Steinsches Schloß.

Bevor wir starten, sehen wir uns in Nassau um. Das schöne kleine Ortszentrum mit Fußgängerzone, Geschäften, Gaststätten und Eisdielen ist hübsch zurechtgemacht. Auch hier bieten viele Inhaber zumal der Restaurationsbetriebe ihre Ware auch außerhalb der Geschäftsräume im Freien wohlfeil. Uns fällt gegenüber vom Springbrunnen an der Fußgängerzone besonders ein schmuckes, edles Fachwerkgebäude ins Auge – der ehemalige Adelsheimer Hof. Dieser wunderbare, prächtige Fachwerkbau aus dem Jahre 1609 diente zunächst Verwandten der Steins als Wohnsitz. 1912 wurde er zum Rathaus umfunktioniert. Heute befindet sich hier die Verbandsgemeindeverwaltung.

Gleich dahinter befindet sich der Stammsitz derer vom und zum Stein. Das Steinsche Schloß ist bewohnt und für die Öffentlichkeit nur nach Absprache eines Besichtigungstermins mit der Gräflich von Kanitz'schen Verwaltung zugänglich (Tel.02604-97080). Sollte der Graf die Erlaubnis erteilen, Räumlichkeiten des Herrschaftssitzes besichtigen zu dürfen, wird sicher mit Stolz gezeigt werden, wo der berühmte Goethefreund Freiherr vom und zum Stein seine „Nassauer Denkschrift" zur Bauernbefreiung und Städteordnung verfaßt hat. Das Schloß, eigentlich früher ein Gutshof, wurde ab 1621 nach und nach zum repräsentativen Wohnsitz umgebaut. Die heutige, weitgehend klassizistische Ausstattung der Innenräume geht im wesentlichen auf jene vom und zum Stein zurück. Das Schloß liegt in einem ruhigen kleinen schattigen Park mit wertvollem Baumbestand und besticht durch sein Renaissanceportal. Der achteckige Turm links in strahlendem Dunkelrot wurde in den Jahren 1814 bis 1818 auf Be-

Der Adelsheimer Hof – ein prächtiges Fachwerkgebäude

Das Steinsche Schloß – Geburtsort der Kommunalverordnung

Das Steinsche Schloß

treiben des Hausherrn an das Hauptgebäude
angefügt. Er wurde zur Erinnerung an die Frei-
heitskriege gegen Napoleon gebaut. Vom und
zum Stein wollte mit ihm ein „patriotisches
Denkmal" errichten und ganz im Sinne Goethes die gotische Architektur des Straßburger
Münsters feiern.

In gebührendem Abstand – denn wir hatten
nicht die Möglichkeit, einen Erlaß des Grafen

Kanitz zum Betreten des Schlosses zu erwirken – bleiben wir am Eingang des Parks stehen und bewundern die Außenfassade des Schlosses. Ein Schild am Eingang hat uns gewarnt: Privatbesitz - Betreten verboten. Im Sinne alter preußischer Tugenden halten wir uns natürlich daran. Trotzdem macht meine Frau mit scharfem Blick das Wappen derer vom und zum Stein am Hauptportal aus. „Ist das nicht ein Eselskopf mitten im Wappen?" fragt sie mich verwundert. „Ist das da jetzt das Wappen des Freiherrn vom Stein oder von diesem Grafen Kanitz?" „Natürlich des Freiherrn vom und zum Stein", weiß ich zu erläutern. Ob im Wappen des Grafen von Kanitz auch ein Eselskopf vorhanden ist, weiß ich nicht.

TOUR 4
Nassau

Der Eselskopf im Wappen am Nassauer Schloß symbolisiert, so die Legende, die Eigenschaften des letzten Reichsfreiherrn derer vom und zum Stein, nämlich jenes Zeitgenossen Goethes Heinrich Friedrich Karl. Allerdings wäre es weit gefehlt, das Wappen dahingehend zu interpretieren, als könne es sich bei seinem Träger um einen Trottel oder Starrkopf handeln. Im Gegenteil: der Eselskopf steht für Unverdrossenheit, Unbeirrbarkeit und Zielstrebigkeit, Tugenden, die auch der Freiherr verkörperte. Es heißt, der Kaiser habe dem Geschlecht dies Wappen verliehen, als einem der Steinschen Vorfahren im Kampf das Pferd getötet wurde und dieser ohne zu zögern einfach auf den nächstbesten Esel umstieg und weiterkämpfte.

Ein ungewöhnliches Wappentier

Etappe: Nassau - Winden - Kreuzeiche.

Wir trennen uns jetzt von Esel und Schloß, um Richtung Winden durchzustarten. An der Nassauer Gemeindeverwaltung fahren wir in die Straße *Obertal* und erkennen ein Hinweisschild nach links: „Winden 5 km". *Windener Straße* heißt die Straße jetzt und macht ihrem Namen alle Ehre. Sie windet sich in der Tat außerordentlich steil nach oben. Sicher muß das

*Immer wieder
herrliche Aus-
blicke über die
Höhenzüge*

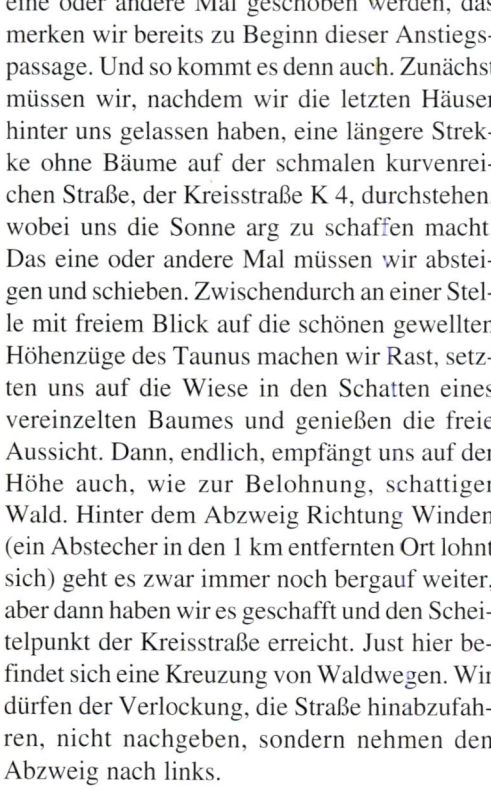

eine oder andere Mal geschoben werden, das
merken wir bereits zu Beginn dieser Anstiegs-
passage. Und so kommt es denn auch. Zunächst
müssen wir, nachdem wir die letzten Häuser
hinter uns gelassen haben, eine längere Strek-
ke ohne Bäume auf der schmalen kurvenrei-
chen Straße, der Kreisstraße K 4, durchstehen,
wobei uns die Sonne arg zu schaffen macht.
Das eine oder andere Mal müssen wir absteigen und schieben. Zwischendurch an einer Stelle mit freiem Blick auf die schönen gewellten
Höhenzüge des Taunus machen wir Rast, setz-
ten uns auf die Wiese in den Schatten eines
vereinzelten Baumes und genießen die freie
Aussicht. Dann, endlich, empfängt uns auf der
Höhe auch, wie zur Belohnung, schattiger
Wald. Hinter dem Abzweig Richtung Winden
(ein Abstecher in den 1 km entfernten Ort lohnt
sich) geht es zwar immer noch bergauf weiter,
aber dann haben wir es geschafft und den Scheitelpunkt der Kreisstraße erreicht. Just hier befindet sich eine Kreuzung von Waldwegen. Wir
dürfen der Verlockung, die Straße hinabzufah-
ren, nicht nachgeben, sondern nehmen den
Abzweig nach links.

Der nun folgende Waldweg aus Schotter und
Waldboden läßt uns aber noch immer nicht in
Ruhe. Steigungen und kleinere Abfahrten, die
wir ohne Hast hinabfahren, aus Rücksicht vor
Wanderern und auch aus Vorsicht, wechseln
sich ab. Ein Großteil dieses Streckenabschnit-
tes führt durch dichten, einsamen Wald, der
beruhigend und wohltuend auf uns wirkt und
uns begleitet, bis wir linkerhand die Kreuzeiche
erreichen. In Augenhöhe ist in diesem Natur-
denkmal eine gekreuzigte Jesusfigur einge-
schmolzen, die einen leidenden und einge-
zwängten Eindruck auf uns macht. Diese trau-
rige Gestalt, so hoffnungslos eingeklemmt zwischen Rinde und Borke, betrachten wir lange
und mit Mitleid. Dann fahren wir an der sich
hier befindlichen Kreuzung rechts ab, den
Schildern „Radweg WW 5/3, Hübingen 3 km"
folgend.

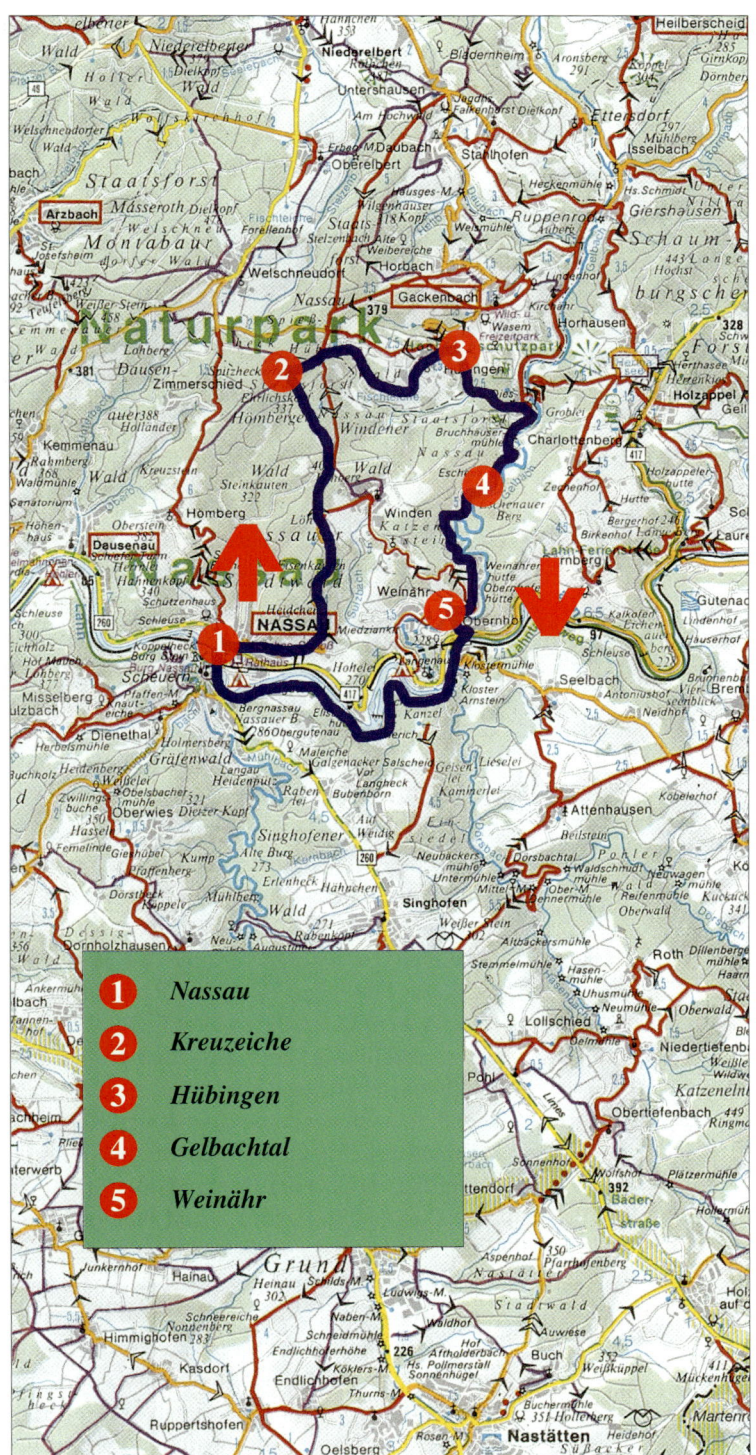

1	*Nassau*
2	*Kreuzeiche*
3	*Hübingen*
4	*Gelbachtal*
5	*Weinähr*

Höhenzug auf dem Weg nach Winden

Etappe: Kreuzeiche - Hübingen.

Der zunächst asphaltierte Weg führt bergab, dann aber auf dem letzten Teil wird's arg schotterig, so daß man nicht zu stürmisch diese Abfahrt nehmen sollte, zumal der Weg direkt auf die Kreisstraße trifft. Diese müssen wir nun wenige Meter nach links fahren, um dann direkt wieder nach rechts in einen Waldweg zu kommen (grüne Schilder nach rechts Richtung Hübingen). Wir folgen weiter den Schildern Richtung Hübingen bzw. den Radwegeschildern WW 5/3 durch den Wald. Der Weg ist leicht abschüssig, aber aufgrund seiner Beschaffenheit beileibe keine Rennstrecke. Immer wieder müssen wir in die Bremsen greifen. Wir kommen auf eine kleine Lichtung und eine T-Gabelung, wo uns die Beschilderung im Stich läßt. Das einzige Schild – und dies hilft uns nicht weiter – ist ein rot-weißes rechteckiges Verkehrsschild, das normalerweise vor scharfen Kurven warnt. Also nach rechts in die Kurve auf die asphaltierte Straße an dem umzäunten Gebäude vorbei, oder halblinks weiter auf dem Waldweg? Halblinks dem Waldweg folgend ist die richtige Entscheidung. Nach einem kurzen Waldstück erreichen wir wieder asphaltierten Boden, dem wir geradeaus weiter folgen. Er führt uns in einem leichten Anstieg aus dem Wald heraus an Wiesen und Weideland vorbei in das verträumte Örtchen Hübingen. Wir fahren in die *Schulstraße*, ein Schild WW5/3 bestätigt uns, auf dem richtigen Weg zu sein. An einem Rondell fahren wir geradeaus weiter auf der *Hauptstraße*. Wir folgen der *Hauptstraße* unbeirrt weiter (*fahren nicht* in die *Mehlstraße*) , bis wir am Ende der *Hauptstraße* auf eine T-Gabelung zur Hauptverkehrsstraße K 173 treffen.

Durch die Natur nach Hübingen

TOUR 4 Nassau

Etappe: Hübingen - Dies.

Jetzt geht es rechts hinab (!), dem Schild Richtung Gackenbach, 2 km, folgend. Die Abfahrt nach Gackenbach müssen wir am Abzweig nach Dies auf halber Strecke unterbrechen. Dem Schild nach Dies folgen wir dann rechts durch das wunderschöne Bachtal in einer schwungvollen Abfahrt. In Dies folgen wir dann der Vorfahrtsstraße, bis wir auf eine Kreuzung treffen, an der wiederum wir Vorfahrt gewähren müssen. Hier weisen uns die Schilder nach Nassau, 13 km, und Weinähr, 7 km.

Unterwegs nach Dies

Etappe: Dies - Weinähr.

Zu Beginn dieser Teilstrecke schallt mir, der ich unsere Zweiergruppe anführe, aus dem Tal von der nahegelegenen Mühle her Eselsgeschrei entgegen. Warum mir? Ein Verwandter? Oder schon wieder ein An(Un-)wesen des Freiherrn vom und zum Stein? Ich kann das Rätsel nicht aufklären, zu rasch haben unsere Drahtesel die Mühle passiert. Es geht jetzt abwechselnd in schnelleren und flachen Abstiegen den Berg hinab. Nach ca. 3 Kilometern fahren wir steil auf eine ausgeschilderte scharfe S-Kurve zu, die wir nicht zu schnell angehen sollten. Kurven sollte man grundsätzlich auf diesen schmalen Straßen im Taunus und Westerwald nicht schneiden, denn Motorradfahrer und Lkw

können einem entgegenkommen. Also: Aufgepaßt und vorsichtig in den Kurven.

Kurz vor dem Ende des Gelbachtales erreichen wir den schmucken Fremdenverkehrsort Weinähr. Der Ort findet im Jahre 1267 erstmals als „Anre" Erwähnung. Diese Bezeichnung ist wohl auf den alten Namen des Gelbach zurückzuführen, der im Mittelalter „Anara" hieß. Erst seit 1592 führt der Ort den Namen Weinähr. Wein wird seit über 1000 Jahren in dieser Gegend angebaut. Der Weinbau und die früher vorhandenen weiten Erdbeerfelder gaben dem Dorf den Namen „Wein- und Erdbeerdorf".

Wir fahren durch den Ort und finden zur Linken das mittelalterliche Rathaus. Hier tagte unnachgiebig das Gericht des Kirchspiels Weinähr/Winden. Heute tagt hier – ebenso unnachgiebig? – immer noch der Gemeinderat, und der Ortsbürgermeister hat sein Dienstzimmerchen in der oberen Etage.

Etappe: Weinähr - Schloß Langenau - Obernhof - Kloster Arnstein.

Am Ortsausgang führt uns die Straße wieder in ein kleines Waldstück, bis die Landesstraße auf die Bundesstraße 417 mündet. Grüne Radwegeschilder zeigen uns, daß wir auf dem richtigen Weg sind. An der Bundesstraße fahren wir nach links Richtung Obernhof (1 km). Auf halber Strecke erstreckt sich links das Weingut „Schloß Langenau", eine ehemalige Wasserburg. Der Radweg entlang der Bundesstraße führt teilweise auf einem breiten Seitenstreifen entlang, der das Radfahren erträglich macht. Wir haben von hier unten auch einen schönen Blick auf die beiden Türme des Klosters Arnstein (siehe Tour 5).

Wir fahren weiter durch den Ort auf der Bundesstraße bis zu einer Brücke mit dem Hinweisschild „nach Kloster Arnstein 1 km". Hier fah-

**TOUR 4
Nassau**

*Weinähr – eine
tausendjährige
Weintradition*

ren wir rechts. Wir unterqueren die Bahnlinie, müssen wenige Meter bergauf und folgen dann erneut rechts dem Schild „Kloster Arnstein 0,5 km". Zunächst leicht abfallend, eröffnet uns die Straße an der Klostermühle ihren wahren Charakter. Es geht steil hinauf bis zum Kloster, auf dessen Parkplatz wir uns ausruhen – vom Fahren und Schieben. Vor dem Kloster befindet sich auch der Wanderweg durch das Jammertal hinauf zu den letzten Mühlen, die als Gehöfte und Wohnhäuser noch vorhanden sind. Das Jammertal soll seinem Namen alle Ehre gemacht haben. Hier verlor ein Jäger seine große Liebe, erfroren Kinder auf dem Weg ins Kloster und starben über 200 Soldaten im Krieg 1795.

Das Jammertal – gruselige Geschichten aus vergangenen Jahrhunderten

TOUR 4
Nassau

Etappe: Klosterparkplatz geradeaus den blauen und grünen Hinweisschildern folgend - am Hof Hollerich vorbei - beschilderter Radweg - Straßenkreuzung, an der es zur Burg hinauf und zur Kettenbrücke hinabgeht.

VON RUINEN, BURGEN UND SCHLÖSSERN

Von Nassau über Obernhof und Balduinstein nach Diez

Strecke: Nassau - Obernhof - Laurenburg - Scheidt - Holzappel - Geilnau - Fachingen - Diez.

Länge: Insgesamt 23 Kilometer.

Streckenverlauf: Erster Teil der Strecke eben entlang der Lahn, ab Laurenburg starke Steigungen nach Scheidt - hinter Geilnau wieder eben.

Karte: Deutsche Radtourenkarten 30 und 31, Haupka-Verlag, Bad Soden/Taunus.

Nahverkehr: Die Lahntalbahn verkehrt zwischen den oben angegebenen Ortschaften entlang der Lahn und schließt die Lücke des Lahntalradwanderweges zwischen Obernhof und Balduinstein. Wer die Steigungen nach Scheidt umgehen möchte, steigt in Obernhof in die Bahn bis Balduinstein.

*D*ie klare Luft des noch jungen Tages liegt über Nassau, als ich den Ort verlasse. Und auch die heutige Tour beginnt fast so wie die gestrige (s. Tour 2), die mich von Nievern nach Nassau geführt hat: schiebenderweise. Kaum habe ich nämlich die Kettenbrücke hinter mir gelassen, geht es links den Anstieg hinauf, gottlob aber nur kurz. Oben angekommen, geht es gleich beim ersten Knick wieder nach links auf den Lahntal-Rad- und Wanderweg Richtung Obernhof. Und juchhei, erstmal geht es abwärts, auf einem gut zu befahrenden, asphaltierten Weg, der mal näher, mal etwas entfernter der Lahn verläuft, ab und zu durch

Von Nassau nach Obernhof

TOUR 5 Obernhof

baumbestandene Passagen und dann wieder durch freies Feld führt, mitunter ansteigt und wieder abfällt. Als ich gerade mal wieder die Freuden einer rasanten und längeren Abfahrt genieße und mir den Fahrtwind durch die stattliche Mähne wehen lasse, komme ich an einer Lichtung mit einer Art „Rastplatz" vorbei. Unter einem Baum stehen zwei Bänke, ein Tisch – selbst der Papierkorb darf nicht fehlen. Wäre es nicht so, daß ich gerade erst aufgebrochen bin, könnte ich mich schon versucht fühlen, hier halt zu machen. Aber ich fühle mich noch fit und voll im Saft.

Tja und wie es oftmals so ist, Hochmut kommt vor dem Fall. Vielleicht zwei Minuten später, kaum habe ich die Schleuse Hollerich passiert, stellt sich mir ein Anstieg in den Weg, der fast genauso lang zu sein scheint wie vorhin die Abfahrt. Resigniert steige ich ab und schiebe mal wieder. Gott sei Dank ist es wenigstens nicht so brütig – die Sonne hat ihren Zenit noch längst nicht erreicht –; ins Schwitzen komme ich allemal. Plötzlich, ich mag meinem guten Stern gar nicht genug danken, taucht vor mir eine Bank auf: ein Aussichtspunkt. Dankenswerterweise – auch wenn jetzt Naturschützer und Anhänger einer mir nahestehenden Partei auf die Barrikaden gehen – hat man hier eine Schneise in die Waldwand geschlagen, so daß der Blick auf die ganz tief unten ihre Bahn ziehende Lahn frei wird und sich zudem ein Ausblick auf gleich zwei der Sehenswürdigkeiten der Region öffnet: Schloß Langenau auf dem anderen Lahnufer und Kloster Arnstein, zumindest rein optisch dahinter bzw. „darüber", allerdings auf dieser Seite der Lahn, wie ich später feststelle. Ersteres Anwesen kann auf eine lange und bewegte Geschichte zurückblicken. Im 13. Jh. als Wasserburg errichtet, fiel sie durchziehenden Bauern während der Bauernkriege zum Opfer, bis im Jahre 1692 die Herren von Marioth, eine Industriellendynastie, in die Ruine hinein das Schloß bauen ließen, u.a. mit einer Stuckdecke, wie sie auch

Freie Blicke über die unter mir ziehende Lahn

Kloster Arnstein blickt auf eine lange Geschichte zurück

in Schloß Oranienstein in Diez zu sehen ist. Nach ca. 200 Jahren wurde das Schloß Langenau aufgegeben und dient nun als Weingut und Gaststätte; in den Weinkellern besteht die Möglichkeit einer Weinprobe. Allerdings nicht dienstags; dann ist Ruhetag. Aber da ich diesseits der Lahn bin, kann ich das verlockende Angebot ohnehin nicht wahrnehmen.

Nach einigen weiteren Minuten der Muße und Beschaulichkeit setze ich meinen Weg Richtung Arnstein fort. Hier auf dem Lahnhöhenweg rad„wandeln" wir auf den Spuren der Jakobspilger, deren Ziel seit dem 9. Jahrhundert das spanische Santiago de Compostela ist. Der Europarat hat 1987 die historischen Jakobswege zur „Ersten Europäischen Kulturstraße" erklärt. Als ich mich dem Kloster nähere, hebt auf einmal Glockengeläute an. Bei meiner Ankunft an der schiefergedeckten, außen in gelb-weiß getünchten Kirche finde ich eine große Anzahl Menschen in stiller Andacht und ins Gebet versunken vor. Ich bin unversehens in eine Messe geraten. Was bedeutet, daß ich jetzt natürlich nicht durch das Gotteshaus streichen kann, um es zu begutachten. Schlechtes Timing!

Somit bin ich also erstmal darauf angewiesen, die äußeren Eindrücke auf mich wirken zu lassen. Schon bei meiner Ankunft hatte das Ganze mehr wie eine Burg auf mich gewirkt. Kein Wunder: denn als solches begann Kloster Arnstein seine Laufbahn. Das war um 1050, als Graf Arnold von Arnstein auf einem Felsvorsprung zwischen Dörsbach und Lahn eine Burg errichtete. Daher leitet sich dann auch der Name ab. Dieser setzt sich zusammen aus den Elementen „Arnold" und „Stein", bedeutet nichts anderes als „Haus des Arnold" – und schwupps, schon kommt Arnstein heraus! Unter seinem Nachfolger Ludwig III. ward die Festung dann von weltlichen Zwecken seiner geistlichen Bestimmung zugeführt. Und das kam so.

Aus Arnold und Stein wird schwupps Arnstein

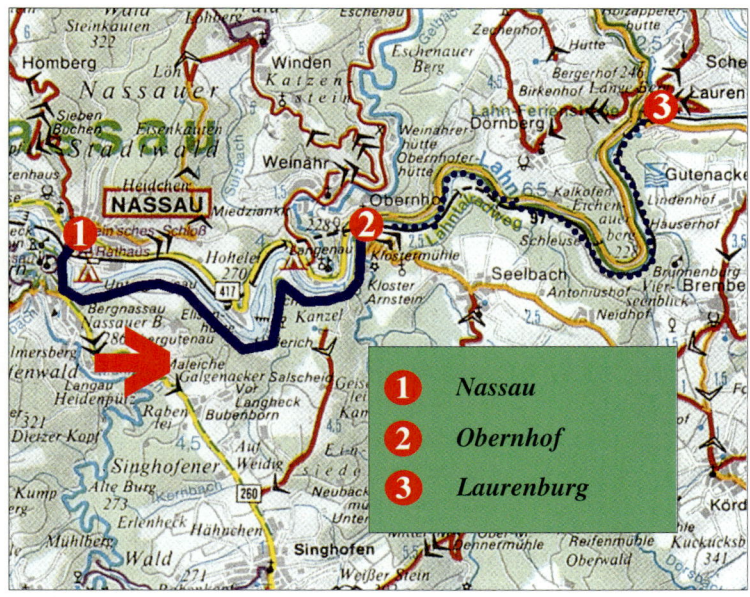

1 **Nassau**

2 **Obernhof**

3 **Laurenburg**

Zwar war Ludwig verheiratet – Gulda hieß sein treusorgendes Weib –, aber aus irgendwelchen Gründen kamen beide überein, sich in fleischlichem Verzicht zu üben. Bis dato war die Ehe ohnehin kinderlos geblieben. Also wandelte er die Burg 1139 in ein Kloster um. Das sollte jedoch keinen ausreichenden Schutz vor Zugriffen durch „weltliche" Übergriffe darstellen. So waren die Schweden während des 30jährigen Krieges mehrfach ungebetene, weil plündernde Gäste. 1802 teilte das Kloster dann das Schicksal aller Einrichtungen dieser Art und fiel der Säkularisation anheim. Im Jahre 1919 wurde die verfallene Abtei dann durch den Orden der Arnsteiner Patres neu besiedelt und ist heute das „Zentrum" der Herz-Jesu-Verehrung, weshalb sie auch ein Wallfahrtsort ist.

Von der Burg zum Kloster

Läßt man das Gotteshaus rechts liegen und geht geradeaus weiter, gelangt man vorbei am kleinen Friedhof an eine Insel der Ruhe, eine Art Terrasse hoch über der Lahn (diesmal aber ohne Schneise). Hier verharre ich noch einige Minuten; aber das Ende des Gottesdienstes kann ich schon aus zeitlichen Gründen nicht abwarten, und so setze ich meine Tour Richtung Obernhof fort. Hierzu lasse ich das Kloster nun linker Hand liegen und begebe mich auf die abschüssige Straße.

Abstecher zur Burgruine Laurenburg

Kurz darauf komme ich an den Ortseingang von Obernhof, wo mich ein Schild begrüßt mit dem Wortlaut: „Der Radweg endet hier. Von Obernhof bis Laurenburg wird er demnächst ausgebaut. Von Laurenburg aus bis Balduinstein planen wir durch das Naturschutzgebiet einen Shuttle-Transport mit Schiff und Bahn. Wir empfehlen Ihnen schon jetzt: Fahren Sie mit der Bahn ab Obernhof bis Balduinstein weiter. Der Radweg von dort nach Diez lohnt sich. Fahrräder werden von der Bahn umsonst mitgenommen." Der Radweg zwischen Obernhof und Laurenburg befindet sich derzeit in Planung.

„Wer rastet, der rostet", und wer immer das Schild aufstellte, kennt meinen Stolz als Radfahrer noch nicht. So beschließe ich – entgegen der offiziellen Empfehlung – den Zug schon in Laurenburg zu verlassen, um einen Abstecher zur gleichnamigen Burgruine zu machen und mich von dort mit meinem Rad über Scheidt, Holzappel und Geilnau nach Balduinstein „durchzuschlagen". Diese Route ist als Radweg nicht ausgewiesen und führt ausschließlich über öffentliche Straßen.

Übrigens: wer überhaupt nicht mit der Bahn fahren, sondern unbedingt mit dem Rad von Obernhof aus durch das Lahntal nach Laurenburg radeln will, kann dies nur über die Bundesstraße 417 tun. Dies ist nun gar nicht zu empfehlen, da es sich um eine vielbefahrene und daher für Radfahrer gefährliche Strecke handelt.

Eine Stippvisite zur Laurenburg

Ich steige in Laurenburg aus dem Zug, überquere die Lahnbrücke und biege nach rechts in den Ort ein. Fast eben geht es bis zum Dorfende. Nach einer scharfen Linkskurve habe ich eine lange Steigung vor mir. Bis Scheidt sind es 2 km. Leider heißt das wieder Schieben.

Mitten durch die Natur führt der Weg

Nach der Hälfte der Strecke erreiche ich die Zufahrt zur Laurenburg. Ein Schild heißt willkommen. Für eine Zwischenrast der richtige Augenblick. Nach dem ersten Anschein bietet der Besuch nicht viel: ein ausgebauter Bergfried, Mauerreste, Baustellen. Aber bald werde ich eines Besseren belehrt und merke: Hier tut sich was! Hier bin ich Gast. Vor dem Aufstieg zum Turm ein Hinweis auf Toiletten. Vor dem Turm Rastmöglichkeiten und ein Kiosk mit Klingel. Das Schild am Fuße der Treppe zum Bergfried zeigt mir, daß geöffnet ist. Na, bei den Steigungen schaffe ich die paar Stufen auch noch! Knarrend geht die schwere Tür auf, und dahinter empfängt mich der Burgherr persönlich. Das Militariamuseum ist sein Hobby. Die Exponate hat er in vielen Jahren zusammengetragen, nicht geerbt. Und dafür suchte er einen Rahmen und kaufte 1985 den Trümmerhaufen Laurenburg. Damals war das ganze Gelände wegen Einsturzgefahr gesperrt. Das erfahre ich, nachdem ich auch die Wehrplatte erklommen und den Blick ins Tal und zu den umliegenden Höhen genossen habe. Den Grund meines Besuches kennt der Burgbesitzer nicht, und so ist es verwunderlich, daß er für einen Gast trotz der vielen Arbeit so viel Zeit hat. Wir

Das Militariamuseum des Burgherrn

49

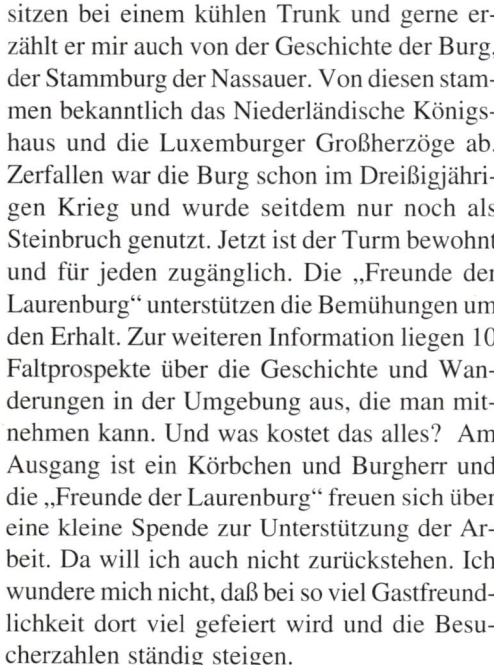

sitzen bei einem kühlen Trunk und gerne erzählt er mir auch von der Geschichte der Burg, der Stammburg der Nassauer. Von diesen stammen bekanntlich das Niederländische Königshaus und die Luxemburger Großherzöge ab. Zerfallen war die Burg schon im Dreißigjährigen Krieg und wurde seitdem nur noch als Steinbruch genutzt. Jetzt ist der Turm bewohnt und für jeden zugänglich. Die „Freunde der Laurenburg" unterstützen die Bemühungen um den Erhalt. Zur weiteren Information liegen 10 Faltprospekte über die Geschichte und Wanderungen in der Umgebung aus, die man mitnehmen kann. Und was kostet das alles? Am Ausgang ist ein Körbchen und Burgherr und die „Freunde der Laurenburg" freuen sich über eine kleine Spende zur Unterstützung der Arbeit. Da will ich auch nicht zurückstehen. Ich wundere mich nicht, daß bei so viel Gastfreundlichkeit dort viel gefeiert wird und die Besucherzahlen ständig steigen.

Als ich meine Tour fortsetze und weiterschiebe, erscheint mir das Stück bis Scheidt gar nicht mehr so weit. Bald habe ich den Ort erreicht und damit den Schei(d)telpunkt meines heutigen Pensums.

Von Scheidt aus führt mich der Weg, der Beschilderung folgend, über die Kreisstraße K 23 nach Holzappel.

Ich verlasse Holzappel über die ausgeschilderte Kreisstraße K 25, eine abschüssige Gefällstrecke, auf der ich auch durch einen Wald hinunter nach Geilnau ins Lahntal rolle.

In Geilnau angekommen, halte ich mich rechts und fahre in die *Austraße* in Richtung Turnhalle zum Lahnufer, wo ich links abbiege und am Fluß entlangfahre. Es ist sehr schön, hier zu fahren, geradezu idyllisch und verträumt – selbst der Fluß, auf dem bunte Blüten- und Baumblätter einen langsamen Reigen tanzen, hat kaum Strömung –, fast schon ursprünglich.

Der Lahntal-Rad- und Wanderweg R 36 führt mich dann am Ende von Geilnau über eine

*Von Scheidt
über Holzappel
nach Geilnau*

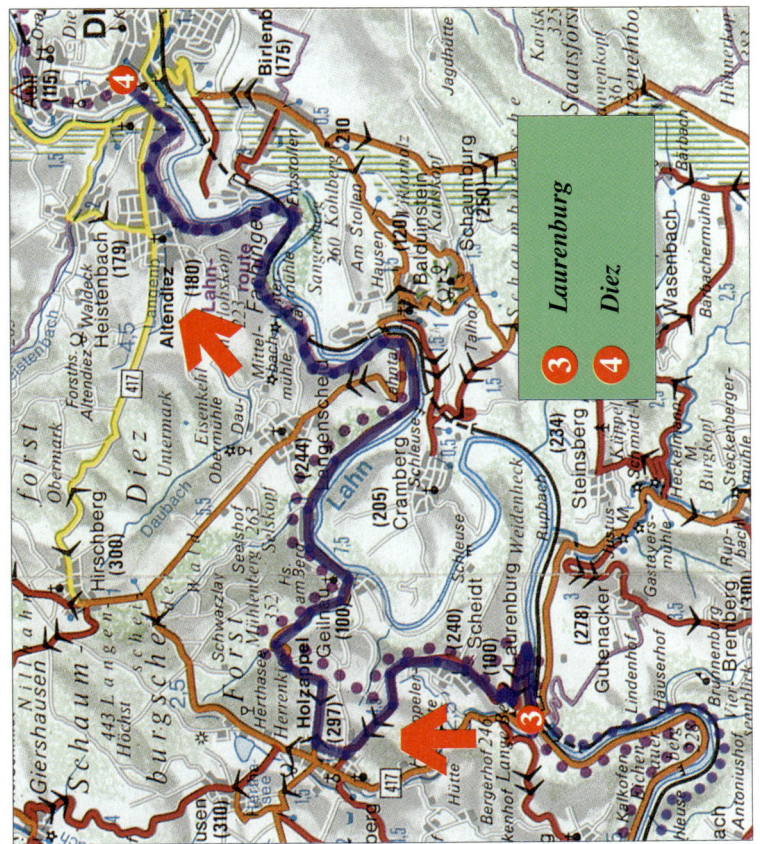

Rampe wieder zurück zur K 25. Vorbei an der Schleuse Cramberg komme ich nach kurzer Zeit an einen Yachthafen. Ich halte weiter Kurs auf der K 25. Bäume und Büsche sind meine Begleiter.

Als es wieder „hell" wird, gibt die Vegetation den Blick auf eine geschwungene Steinbrücke, einen spitzen schiefergedeckten Turm und eine Burgruine preis: Von der anderen Seite grüßt Balduinstein herüber.

Der Weg nach Balduinstein – idyllisch und verträumt

Der Ort verdankt seinen Namen und seine Gründung eben jener Burgruine. Balduin von Luxemburg (1285 - 1354), seit 1308 Erzbischof von Trier, ließ sie im Jahre 1319 als Trutzburg gegen die Herren von Westerburg errichten (pikanterweise auf deren Territorium), die ihrerseits auf der Schaumburg oberhalb des Ortes residierten. Trotz mehrerer umfassender Umbauten während der nächsten Jahrhunderte befand sie sich etwa Mitte des 17. Jh. in einem derartigen Zustand fortgeschrittenen Verfalls, daß sie schließlich aufgegeben wurde. 1974 ging sie in den Besitz des Freien Bildungswerkes Balduinstein über, das um ihre Instandsetzung bemüht ist; mitunter finden auf dem Burggelände Open-Air-Veranstaltungen statt.

**TOUR 5
Obernhof**

Die bereits erwähnte Schaumburg ist von außen beeindruckend anzuschauen, ein wuchtiges Schloß im Tudor-Stil. Hinsichtlich seiner inneren Werte aber macht das 1194 erstmals urkundlich verzeichnete Bauwerk (das schätzungsweise noch gut 200 Jahre älter ist) weniger her.

Die wesentlichen Kulturschätze, die früher hier beheimatet waren, sind in diversen anderen Museen des Landes untergebracht; Hauptattraktion sind Dokumente, Briefwechsel u.ä. aus der Zeit Friedrichs des Großen, Prinz Eugens und anderer Zeitgenossen. Wer den teilweise steilen Anstieg dennoch auf sich nehmen will, um die in Privatbesitz befindliche Schaumburg zu besichtigen, kann dies täglich zwischen 10 und 17 Uhr tun (außer montags); DM 5.— kostet das Vergnügen, Kinder zahlen DM 3.—. Sehr lohnenswert: die Aussicht vom 42 m hohen Turm der Burg.

Dokumente und Briefwechsel aus der Zeit Friedrichs des Großen

Ich fahre nun unter der Brücke durch und von nun an ist es eine helle Freude, hier Fahrrad zu fahren! Gut ausgebaute ebene Wege, wunderschöne Ausblicke auf die Lahn, auf der immer wieder Ausflügler zu sehen sind, die an diesem sonnigen Tag eine Bootspartie machen, Felder – so soll's sein! Vorbei am auf dem anderen Lahnufer gelegenen Mineralwasserbrunnen in Fachingen und einem Hinweisschild auf Altendiez ist beinahe viel zu schnell Diez erreicht. Wenn dieses Teilstück doch nur länger gewesen wäre!

Wunderschöne Ausblicke auf die Lahn

Die Stadt Diez selbst rundet eigentlich nur noch das ab, was im großen und ganzen eine

Oh, Du schöner Westerwald

schöne Tour war. Schon der erste Eindruck nimmt mich für den Ort ein: eine alte, malerische Brücke, an deren einem Ende eine Art Turmhäuschen prangt, und gleich dahinter das Grafenschloß aus dem 10. Jh. Dieses wurde 1784 aufgegeben und zum Zuchthaus umfunktioniert, welchen Zweck es bis 1927 erfüllte, bevor 1953 die Jugendherberge dort Einzug hielt. Aber auch die Altstadt lohnt einen Besuch, speziell um den Alten Markt herum, wo die vielen malerischen Fachwerkhäuser fast den Eindruck vermitteln, die Zeit sei zumindest ein bißchen stehengeblieben.

Diez – ein malerisches Städtchen

Eine weitere - vielleicht *die* - Sehenswürdigkeit ist das Schloß Oranienstein. Erbaut zwischen 1672 und 1684 auf den Ruinen des früheren Klosters Dirstein, fiel es 1866 an den Staat Preußen. Seit 1962 wird es als Museum genutzt. Die Führungen durch das Barockschloß finden zwischen dem 1. April und dem 31. Oktober zu folgenden Zeiten statt: dienstags bis freitags um 9, 10.30, 14 und 15.30 Uhr, samstags und sonntags sowie an Feiertagen zu den letztgenannten drei Zeiten. Zwischen dem 1. November und dem 31. März gel-

Schloß Oranienstein – ein Muß!

ten von mittwochs bis freitags sowie samstags und sonntags die gleichen Öffnungszeiten; feiertags bleibt das Museum dann geschlossen, dienstags finden Führungen nur nach Anmeldung statt. Montags ruht der Betrieb das ganze Jahr hindurch. Die Eintrittspreise variieren von DM 3.— für Erwachsene und DM 2.— für Jugendliche; Kinder bis 11 Jahren haben freien Eintritt.

Auf dem Rückweg ins Zentrum überlege ich mir kurz, ob ich nicht einen Schlenker zur Diersteiner Aue vor den Toren von Diez machen soll: Dort fand 1796 eine Schlacht zwischen den Truppen des französischen Generals Jourdan und des Herzogs Karl von Österreich statt, wobei letztere die Oberhand behielten. Aber ein Blick auf die Uhr verrät, daß es ohnehin zeitlich knapp wird, wenn ich meinen Zug noch erreichen will. Und so, wie weiland die Österreicher über die Franzosen, siegt denn für diesmal auch die Bequemlichkeit über meine Neugierde.

TOUR 5
Obernhof

ZAUBERWALD UND TRAUMBURGEN

Märchenhafter Ausflug von Diez nach Görgeshausen, Holzappel und Balduinstein

Strecke: Diez - Görgeshausen - Hirschberg - Holzappel - Geilnau - Balduinstein - Schaumburg - Birlenbach - Diez.

Länge: Insgesamt 30 Kilometer.

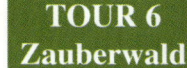

TOUR 6
Zauberwald

Streckenbeschaffenheit: mit anstrengenden starken Steigungen, teils entlang des Straßennetzes sowie auf landwirtschaftlichen Wegen oder unbefestigten Waldwegen.

Karte: Deutsche Radtourenkarten 30 und 31, Haupka-Verlag, Bad Soden/Taunus.

Nahverkehr: Lahntalbahn verkehrt zwischen Diez und Balduinstein; ansonsten Busverbindungen.

*D*iez an der Lahn ist Ausgangspunkt für meine heutige anspruchsvolle Radtour, die mich in eine faszinierende Natur und zu märchenhaften Burgen entführen wird. Das mittelalterliche Diez könnte als Ausgangs- und Endpunkt nicht besser gewählt sein. Also: Streß und Alltagsprobleme zu Hause lassen, und sich zur Einstimmung vom Charme des Lahnstädtchens einfangen lassen. Ein letzter Blick auf das Grafenschloß, und dann geht´s los.

Faszinierende Natur und märchenhafte Burgen

Etappe: Diez - Emser Straße - Altendiez - Heistenbach.

Von Diez führt zwar der offizielle Radweg über die Koblenzer Straße (Landesstraße L318) ent-

*Zum Glück
kennen die
Einheimischen die
Schönheiten*

lang der Lahn nach Aull. Ich aber entscheide mich für einen Abstecher nach Heistenbach. Deshalb fahre ich in Diez auf der *Emser Straße*, den Schildern Richtung Altendiez folgend. Meine Tour beginnt direkt mit einem Anstieg. Oben auf der Kuppe fahre ich aus Diez heraus. Ich kann mein Rad jetzt rollen lassen und einen Teil der Strecke auf dem Bürgersteig entlang der Bundesstraße hinunterfahren. *Diezer Straße* heißt die Straße, als ich in Altendiez einfahre bis zu dem gelben Schild Richtung Heistenbach. Will man sich das Altendiezer Rathaus anschauen, muß man jetzt links um die Kurve fahren und dann auf das Rathaus zuhalten. Um meinen Weg Richtung Heistenbach fortzusetzen, folge ich dem Hinweisschild „Heistenbach" nach rechts in die *Heistenbacher Straße*. Ich fahre aus dem Ort hinaus und komme auf freies Feld. Nach Heistenbach kann ich über Kopfsteinpflaster hineinfahren und folge der abknickenden Vorfahrt in die *Unterdorfstraße*. Ich suche jetzt den Wanderweg direkt nach Görgeshausen, finde ihn aber nicht. Zwei ältere Männer, die ich befrage, raten mir ab, den Weg zu nehmen. „Fahren Sie lieber über Aull, und dann den Wanderweg W5 den Ort hinauf, das ist eine wunderschöne Strecke in freier Natur." Ich nehme die Empfehlung dankbar entgegen, denn wer könnte besser über die Schönheit der Gegend Bescheid wissen als Einheimische. So bleibe ich denn ihrer Weisung gemäß auf der Straße, die mich auf einer schönen und angenehmen, bewaldeten Abfahrt wieder auf die Landesstraße an die Lahn führt.

Etappe: links Radweg entlang der Lahn nach Aull - *Oberdorfstraße* - W5 - an der rot-weißen Schranke in den landwirtschaftlichen Weg oder
Alternative: Aull - Hambach - Staatsforst - Eppenrod

Ich folge jetzt der Beschilderung W 5 den nächsten Abzweig nach rechts nehmend und gelange auf die Höhe. Mich umgeben landwirt-

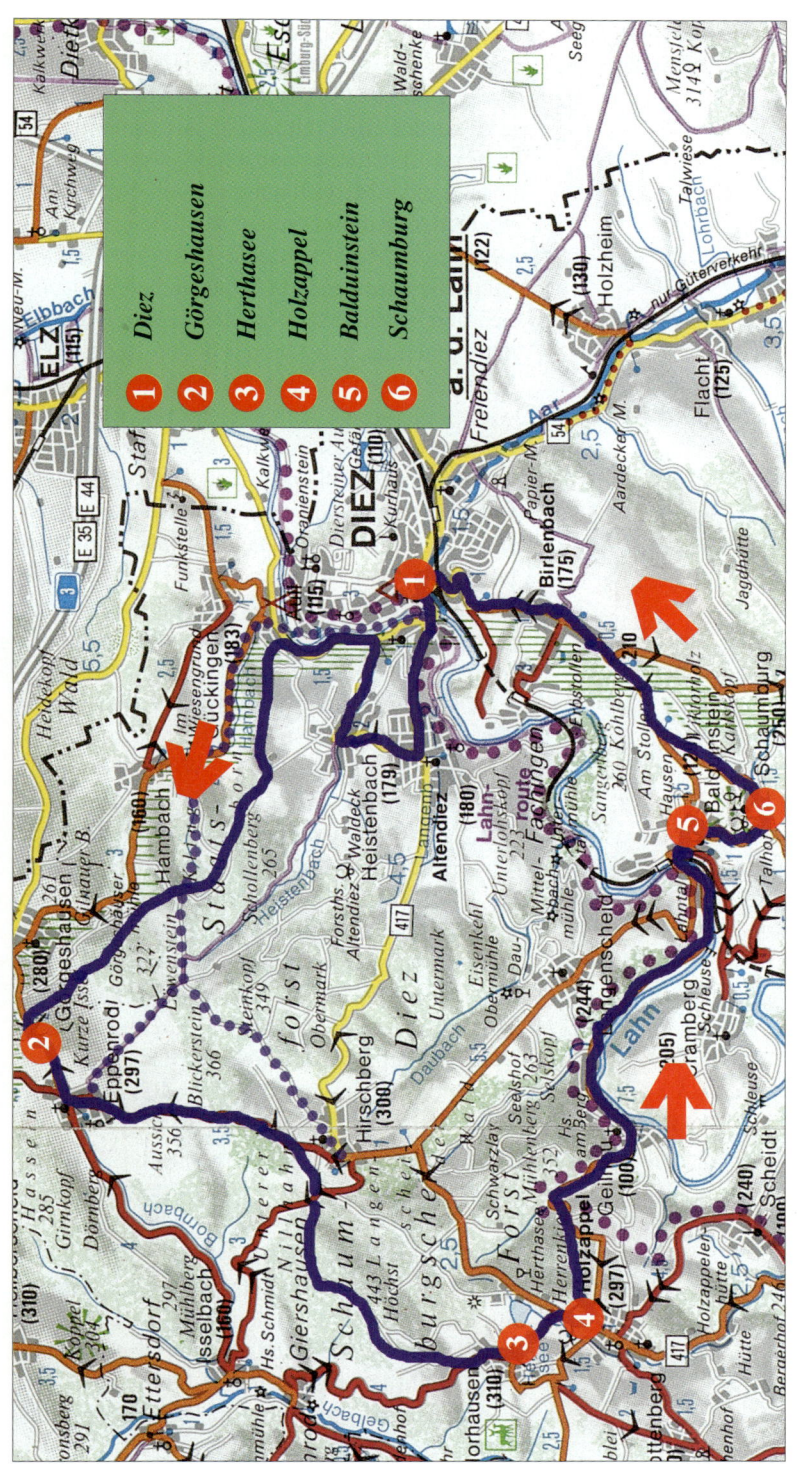

1 Diez
2 Görgeshausen
3 Herthasee
4 Holzappel
5 Balduinstein
6 Schaumburg

57

Freie Sicht über die Höhenzüge des Taunus

Burgen, Schlösser und die Lahn

Auch das Paradies hat seine Jäger

schaftliche Felder, und diese lassen eine freie Sicht zu auf die umliegenden Höhenzüge des Taunus und des Westerwaldes. Noch schöner aber ist der Blick hinab auf das romantische Lahntal. Auf dieser einsamen, weiten Höhe scheint jeder Mensch nur zu stören. Schwer zu glauben, daß dieser entlegene Höhenzug überhaupt von Menschenhand kultiviert wurde. Mäusebussarde und ein Milan ziehen gemächlich und still in der Höhe ihre Kreise. Die beiden einheimischen Männer hatten Recht: Der Weg hat seinen ausgesprochenen Reiz. Immer wieder bleibe ich stehen, sehe mich um und genieße den Blick auf die tief unter mir sich schlängelnde Lahn und auf die Kulisse der entfernten Burgen und Schlösser, die das Flußufer säumen. Die weite Sicht, die Einsamkeit, die hier oben herrscht, begeistern mich. Nur vereinzelt sind Gebäude in der Entfernung auszumachen, Scheunen oder ein kleiner Bauernhof.

Ich folge nun dem Feldweg weiter geradeaus. Dieser, zunächst asphaltiert, wird schotterig und ist dann gänzlich mit Wiese überwachsen. An schnelles Fahren ist also nicht zu denken. Aber genau das tut der Sache nicht nur keinen Abbruch, sondern ist genau richtig, um das eindrucksvolle und stimmungsvolle Bild um mich herum in Ruhe genießen zu können. Rechts von mir am anderen Ende eines Getreidefeldes am Waldrand mache ich gleich zwei Hochsitze aus. Das zeigt mir, daß hier reicher Wildbestand sein muß, aber auch, daß sich die Tiere doch nicht so ganz im Paradies befinden. Über den Hochständen flattern Eichelhäher, Krähen und Raben hin und her, so, als wollten sie die Tierwelt vor der Gefahr warnen. Doch am hellichten Tag sitzt bestimmt kein Jäger im Anschlag. Oder warnen die Vögel gar vor mir? Grund hätten sie keinen dazu, aber das wissen sie natürlich nicht. Vielleicht ist es auch nur meine allzu rege Phantasie á la Alfred Hitchcock, die mich das glauben läßt, und die Anhäufung der Vögel hat eine ganz natürliche Ursache.

Der Feldweg trifft an der nächsten T-Gabelung wieder auf einen Hauptweg, dem ich rechts folge. Links geht es hinunter nach Heistenbach. Ich bin froh, mich für die empfohlene „Einheimischenvariante" entschieden zu haben und nicht sofort von Heistenbach den Feldweg hinaufgefahren zu sein. Ich hätte ein großartiges und einmaliges Landschaftserlebnis verpaßt. Das kann ich erfreulicherweise auf meiner weiteren Fahrt fortsetzen. Denn meine Route führt auf einen breiten Weg durch eine einsame Waldpassage. Immer wieder habe ich das Gefühl, ein Zwerg, ein Erdmännchen oder ein Waldschrat könne bei der nächsten Biegung aus dem Unterholz hervorspringen und sich mir in den Weg stellen. Nehmen nicht schon die Bäume menschliche Gestalt an, winken mir zu und beginnen mit mir zu reden? Nein, das Knirschen der Reifen auf dem Schotter ist das einzige Geräusch, ein störendes zumal. Alles scheint den Atem anzuhalten, bis ich Störenfried so schnell wie möglich wieder aus diesem Reich der Natur verschwinde. Fast schon schäme ich mich, mit meinem Fahrrad einen derartigen „Lärm" zu veranstalten, die kleinen Schottersteine knallen nur so von den Reifen weg. Aber ich glaube, ich sollte meine Phantasie zügeln und die Natur genießen.

Nachdem ich mich so zurechtgewiesen habe, spüre ich wieder Wind und höre auch zwitschernde Vogelstimmen. Und auch ein Knakken im Unterholz. Ein Eichhörnchen lugt um die Ecke und huscht vor mir so rasch an einem Stamm hoch, daß ich gerade noch seinen buschigen Schwanz erblicken kann. Was denn? Werde ich doch beobachtet? Wieder dieses Knacken! Aber niemand ist sichtbar! Begleiten und beäugen die Waldbewohner argwöhnisch und neugierig ihren merkwürdigen Besucher mit seinem Stahlgerüst aus sicherer Entfernung? Immer dichter und düsterer wird der Wald. Ich fahre durch eine hohe, dunkle Baumallee, deren Dach wie bei einem Regenwaldkanapee zugewachsen ist und das helle Son-

Zwerge,
Erdmännchen und
Waldschrate

TOUR 6
Zauberwald

nenlicht fast gänzlich verschluckt. Das sieht majestätisch und abenteuerlich aus, und mit einem ein wenig mulmigen Gefühl dringe ich ins Ungewisse vor. Aber nichts passiert, im Gegenteil, das Unbehagen weicht einem Hochgefühl über dies phantastische und außergewöhnliche Naturerlebnis. Je länger ich weiterfahre, um so mehr bemerke ich erneut Vogelschreie, die lauter und lauter werden. Das laute Gekrächze scheint mich auszuschimpfen: „Was tust du hier? Mach´, daß du wegkommst!"

Als wolle es mein Bild vom Märchenwald bestätigen, tut sich zu meiner Überraschung zu meiner Rechten unvermittelt in sattem Grün eine von der Sonne bestrahlte Lichtung auf. Ein unvermittelter Kontrast zum bisherigen Dunkel, und meine Augen müssen sich erst wieder an das helle Licht gewöhnen. Warm und schön liegt diese Wiese da, wie von einem romantischen Gemälde von Caspar David Friedrich. Tiere sehe ich keine. Aber – gegenüber wieder ein Hochsitz! Was schön ist, birgt so oft auch Gefahr und Tod, denke ich mir, Eros und Tanatnos. Wie mag es wohl von da oben aussehen? Ob ich von diesem erhöhten Ansitz mit etwas Geduld auch Tiere des Waldes beobachten könnte, um diese zu schießen – nicht mit der Flinte, aber mit der Kamera? Ich stelle mein Rad ab und klettere die knarrenden Holzstufen hinauf. Oben dient ein Brett als Sitz und ich luge durch den Spalt des Bretterverschlages hindurch. Eine Weile bleibe ich ruhig sitzen, aber nichts passiert. Nur ein Eichhörnchen huscht als mein einziges „Beutetier" über die Wiese. Und da sich weiter nicht tut, breche ich meine Beobachtung ab und fahre weiter, den Zeichen W 5 folgend in Richtung Görgeshausen.

Dieser Wald- und Wanderweg mündet genau auf einen Sportplatz. Ich fahre nun rechts wieder bergauf durch Felder auf die Landesstraße zu und folge dem asphaltierten Weg hinauf, dann an der nächsten Kreuzung links durch

Mit der Kamera
auf der Jagd

Idylle am Herthasee

die Felder hinunter und am nächsten Abzweig nach rechts Richtung Landesstraße.

Etappe: Eppenrod - Hirschberg - Herthasee - Holzappel.

Auf der Landesstraße L325 wende ich mich nach links und muß bis Eppenrod auf der Straße bleiben. Bergauf, dann bergab fahre ich auf einer schönen Abfahrt nach Eppenrod hinein. Im Ort folge ich den Hinweisschildern auf der *Hauptstraße* nach links Richtung Holzappel, 7 km, und Hirschberg, 3 km. Aus dem Ort heraus geht es wieder steil bergauf und nun bis Hirschberg auf der Straße ständig auf und ab. Kurz vor dem Ortseingangsschild nach Hirschberg – Vorsicht, nicht die Abfahrt in den Ort hinein genießen wollen, dann verpaßt man die Abbiegung! – geht es einen landwirtschaftlichen Weg nach rechts durch Felder. Diesem Weg folgend fahre ich an der nächsten Kreuzung nach links in den Wald. Ich überquere zunächst die Kreisstraße und setze meinen Weg auf dem gegenüberliegenden Waldweg fort, auf der Karte Hi5. Ein Schild warnt: Privatweg! Gesperrt für Fahrzeuge außer Forstwirtschaft! Ich fahre auf dem Radweg durch den Wald unbe-

Auf dem Weg nach Hirschberg und Holzappel

Der Herthasee – seit 1850 eine Garantie für Wasserfreuden

irrt geradeaus und erreiche schließlich die B 417 und den Herthasee. Dieser See wurde zunächst um 1850 künstlich als Wasserreservoir angelegt. Heute befindet sich hier ein Freibad. Die Tageskarte kostet für Erwachsene 4,50 DM und für Kinder 2,- DM. Außer baden kann man hier auch mit dem Tretboot über den künstlich angelegten See fahren. Ein hübscher Wanderweg führt um die Anlage herum am Wasser entlang. In einem angeschlossenen Gasthof kann man pausieren und sich stärken. Auch ich nutze diesen Platz zu einer Ruhepause.

TOUR 6 Zauberwald

Der Dichterfürst in Holzappel beim „Bären"

Meine Weiterfahrt erfolgt auf der B 417 nach rechts Richtung Holzappel in den Ort hinunter. In Holzappel beeindruckt mich die historische Ortsmitte mit Rathaus, Bärenbrunnen, dem Herrenhaus „Zum Bären" sowie dem Goethehaus. Das „Alte Herrenhaus Im Bären" beherbergt heute einen gehobenen Landgasthof. Das Goethehaus ist dem Anwesen angegliedert. 1815 übernachtete der Weimarer Geheimrat auf der Durchreise in Holzappel. Was dem Bärenbrunnen zugrunde liegt, zeigt seine Inschrift: „Durch Errichtung dieses Brunnendenkmals in Erinnerung an das alte Wahrzeichen des Holzappeler Landes ehrt dieses seine ruhmreichen Krieger aus den Kämpfen um die deutsche Einheit; Holzappel, Charlottenberg, Dörnberg."

Über Geilnau und Balduinstein nach Diez

Etappe: Holzappel - *Rathausplatz* - an der Kirche vorbei - in die erste Stichgasse rechts - *Taunusstraße* - gelbes Hinweisschild, das rechts nach Scheidt weist - am E-Werk aus dem Ort hinaus - an der nächsten Kreuzung links ab und auf die Autostraße nach Geilnau - dort in die *Austraße* in Richtung Turnhalle zum Lahnufer - Radweg R36 mündet am Ortsende über eine Rampe in die Autostraße K 25 - Schleuse Cramberg - Balduinstein - Lahn überqueren (unterhalb Brücke Bootsverleih) und rechts der abknickenden Vorfahrt nach Diez und Birlenbach folgen.

Der Ort Balduinstein ist ein schönes verwinkeltes Dorf mit hübschen Fachwerkhäusern in

Goethehaus und Bärenbrunnen in Holzappel

einem tief eingeschnittenen Seitental der Lahn.
Die Burg Balduinstein scheint den kleinen Ort
regelrecht zu bewachen, so nah ist sie über dem
Ort erbaut. Ihre Entstehung verdankt sie Erzbischof Balduin von Trier, der sie 1320 als
Trutzburg der nahegelegenen Schaumburg ent-
gegensetzte. Auskünfte zur Burg Balduinstein
erteilt der Heimat- und Verkehrsverein Balduinstein, Tel. 06431-81634.

Etappe: aus dem Ort hinaus in Richtung
Schaumburg und Diez.

*Die Schaumburg –
ein düsterer Ort,
der niemals Glück
brachte?*

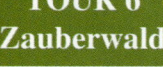

Auf der Höhe sehe ich das Schild: Schaumburg 1 km. Verlassen, düster, fast bedrohlich wirkt die Silhouette der Schaumburg auf mich. Die dunklen Burgmauern und Türme dieses neu-gotischen Märchenschlosses machen alles an-dere als einen unbeschwerten, heiteren Ein-druck. Schwermut und Melancholie scheint dem Bau anzuhaften, der doch als Traumburg gedacht war. Denn in den Jahren 1850-1855 ließ sich der österreichische Erzherzog Stephan, Stellvertreter des Königs in Ungarn, auf den Mauern der mittelalterlichen Schaumburg sein Traumschloß errichten. Die Burg jedoch soll keinem ihrer zahlreichen Besitzer jemals Glück gebracht haben. Sie ist von März bis Oktober, Di.-So. von 10-17 Uhr zu besichtigen. Telefo-nische Infos unter 06432-3784.

Für die Rückfahrt von der Schaumburg fah-re ich dieselbe Straße zurück. Auf der K 25 fah-re ich weiter Richtung Diez/Birlenbach bis zum Stopschild und nach der Überquerung links auf die L 318 nach Birlenbach und Diez. Ich rase durch den Ort Birlenbach hindurch – habe ich die letzte Steigung nach der Schaumburg hinter mir gelassen? – Nein, zu früh gefreut, am Ortsausgang geht es letztmalig steil nach oben. An der großen Kreuzung folge ich dann den Schildern links „Diez Innenstadt". Auf ei-ner Strecke mit teilweise 10% Gefälle fahre ich hinunter in einer steilen und rasanten Abfahrt nach Diez in die *Schaumburger Straße* an den Marktplatz. Eine im wahrsten Sinne des Wor-tes phantastische Tour ist zu Ende.

„Am Wochenende",
sprach Lukas der Lokomotivführer,
„fahren 5 für 35 Mark."
Und so geschah es.

Bahnreisen zu Jim Knopf-Preisen:
Schönes-Wochenende-Ticket.

Für 35 DM fahren bis zu 5 gemeinsam Reisende oder
Eltern mit allen eigenen Kindern (bis 17 J.) so weit sie
wollen. Samstags oder sonntags von 0 bis 3 Uhr des
Folgetages bundesweit in nahezu allen Nahverkehrs-
zügen (2.Kl.) und in vielen Verbünden.
Näheres bei DB-Verkaufsstellen, Reise-
büros mit DB-Lizenz oder unter
www.bahn.de.

DB

Die Bahn kommt!

VON BURGEN UND POSTSTATIONEN

Entlang der Aar von Diez nach Katzenelnbogen

 Strecke: Diez - Oberneisen - Hahnstätten - Rückershausen - Dörsdorf - Katzenelnbogen.

 Länge: Insgesamt 19 Kilometer.

 Streckenbeschaffenheit: Die Strecke verläuft auf einem asphaltierten Radweg entlang der Aar. Nur von Rückershausen nach Dörsdorf ist ein langer, anstrengender Anstieg zu bewältigen.

TOUR 7 Hahnstätten

 Karte: Deutsche Radtourenkarte 30 und 31, Haupka-Verlag, Bad Soden/Taunus.

 Nahverkehr: Busverkehr zwischen Diez und Katzenelnbogen (u. a. Regiolinie 3800).

*H*eute heißt es Abschied nehmen von Diez, der alten beschaulichen Grafenstadt an der Lahn. Noch einmal schlendere ich durch die Gassen der Altstadt mit ihren hübschen spätmittelalterlichen Bürgerhäusern, die sich quasi wie ein Ring um die ehemalige Residenz der Grafen von Nassau-Diez gelegt haben. Die oftmals farbenfrohen Gebäude, die noch von der mittelalterlichen Blüte der Stadt künden, schmiegen sich geradezu verträumt an den mächtigen Burgfelsen, auf dem das alte Grafenschloß thront. Das gesamte Stadtbild wird von der weithin sichtbaren Burganlage dominiert, deren Anblick wohl so manche Angreifer zurückschrecken ließ. Und gleichzeitig den eigenen Bürgern das Gefühl vermittelte, im Schutze dieser trutzigen Mauern keine Gefahr fürchten zu müssen (siehe auch die Tou-

Abschied nehmen von der alten Grafenstadt mit ihrer reizvollen Altstadt

ren 5+6). Einen der schönsten Blicke auf dieses Panorama hat man wohl vom rechten Lahnufer.

Ich jedoch habe mein Bündel bereits geschnürt und schwinge mich auf mein Velo, das mich heute nach Katzenelnbogen tragen soll. Dem ausgeschilderten Verlauf des Aartal-Rad- und Wanderweges R 36 folgend, verlasse ich das flache Lahntal und steuere auf die Aar zu, der ich flußaufwärts bis nach Rückershausen folgen werde. Schon bald führt der Radweg von der Straße weg ins Grüne, und hinter der Bahnunterführung rückt bereits die Burgruine Aardeck in meinen Blick – sozusagen noch vor den Toren von Diez gelegen. Und zumindest aus der Ferne macht sie noch einen guten Eindruck auf mich. Stolz erhebt sie sich auf der westlichen Kuppel eines Basaltfelsens, der steil zur Aar abfällt. Graf Adolf von Nassau-Diez ließ die Burg um 1395 anstelle einer 1248 zerstörten errichten. Zu meinem Erstaunen weht auch heute eine Flagge auf dem schmalen Rundturm, der mit Zinnen bekrönt ist. Vielleicht kämpfen ja edle Ritter auf dem Burghof um die Gunst einer Dame? Ausgeschlossen ist das nicht, denn das hellbraune Gemäuer bildet schon seit einigen Jahren die Kulisse für die farbenprächtigen Theaterszenen der Aardeck-Burg-Festspiele.

Schon bald kommt Burg Aardeck in Sicht

**TOUR 7
Hahnstätten**

Heute Kulisse für farbenfrohe Theaterspiele

Da ich auf meinem Drahtesel wohl kaum eine reelle Chance habe, mich der holden Braut zu empfehlen, setze ich meinen Weg auf das vor mir liegende Holzheim fort, das ich durch die *Schloßstraße* passiere. Schnell lasse ich die kleine Ortschaft hinter mir, um sofort wieder zwischen sanft-hügeligen Wiesen und Feldern hinwegzurollen. Der Radweg bietet ein angenehmes leichtes Radeln entlang der Aar, deren Rauschen und Murmeln immer wieder rechts von mir auszumachen ist. Ein herrlicher Tag für eine Radtour durch eine wunderschöne Gegend. Und ich scheine nicht der Einzige zu sein, der an diesem strahlendblauen Sommertag – die Sonne hat mittlerweile auch die letzten kleinen Wolken vom Himmel vertrieben – einen Ausflug mit dem Rad geplant hat: immer wieder treffe ich auf Gleichgesinnte, die mir auf einfachen Hollandrädern entgegenkommen oder mich mit ihren Hightech-Rennrädern überholen. Und jedes Mal gibt es ein fröhliches Hallo zur Begrüßung. Zu dieser entspannten Atmosphäre trägt sicherlich auch die gute Ausschilderung des Aartal-Radwanderweges bei, der unangenehmes Suchen der Wegstrecke und lästiges Blättern in der Radwanderkarte erst gar nicht aufkommen läßt. Und selbst an Stellen, die einmal nicht so übersichtlich ausgezeichnet sind, kann man sich mühelos an der alten Bahnlinie orientieren, die parallel zum Radweg verläuft und streckenweise wild zugewachsen ist.

So mit mir und der Welt zufrieden, ist auch schon mein nächstes kulturelles Ziel von weitem auszumachen: die Rundkirche von Oberneisen, die hoch über der gleichnamigen Gemeinde bestimmend darüber wacht, daß der Teufel hier seinen Pferdefuß erst gar nicht in die Tür bekommt. In Oberneisen selbst tritt das Gebirge bis an die *Hauptstraße* und seine Häuser heran, so daß das nackte braune Felsengestein zu erkennen ist, das steil nach oben steigt. Über die *Hauptstraße* halte ich auf die Kirche zu und folge der Ausschilderung „Kirche/Friedhof" nach links durch ein Neubaugebiet, das nach seinen Rohbauten zu schließen erst vor kurzem angelegt worden ist. Stark ansteigend führt die Straße nach oben. Was mich zu dem Gedanken verleitet, daß die hiesigen Kirchgänger bereits Buße tun, bevor sie ihren Hirten überhaupt zu Gesicht bekommen haben. Doch dann ist mein Ziel – das wohl bedeutendste klassizistische Bauwerk im Taunus – erreicht und ich brauche nur noch die Stufen der breiten Freitreppe zu nehmen, um in das Gotteshaus einzutreten. Doch weit gefehlt! Obwohl die Kirche gleich drei Türen hinter den vier runden Säulen des Eingangsportals aufweist, bleibt

Entlang der Aar – ein immer wieder lohnendes Ausflugsziel

TOUR 7
Hahnstätten

Die Rundkirche von Oberneisen: das bedeutendste klassizistische Bauwerk im Taunus

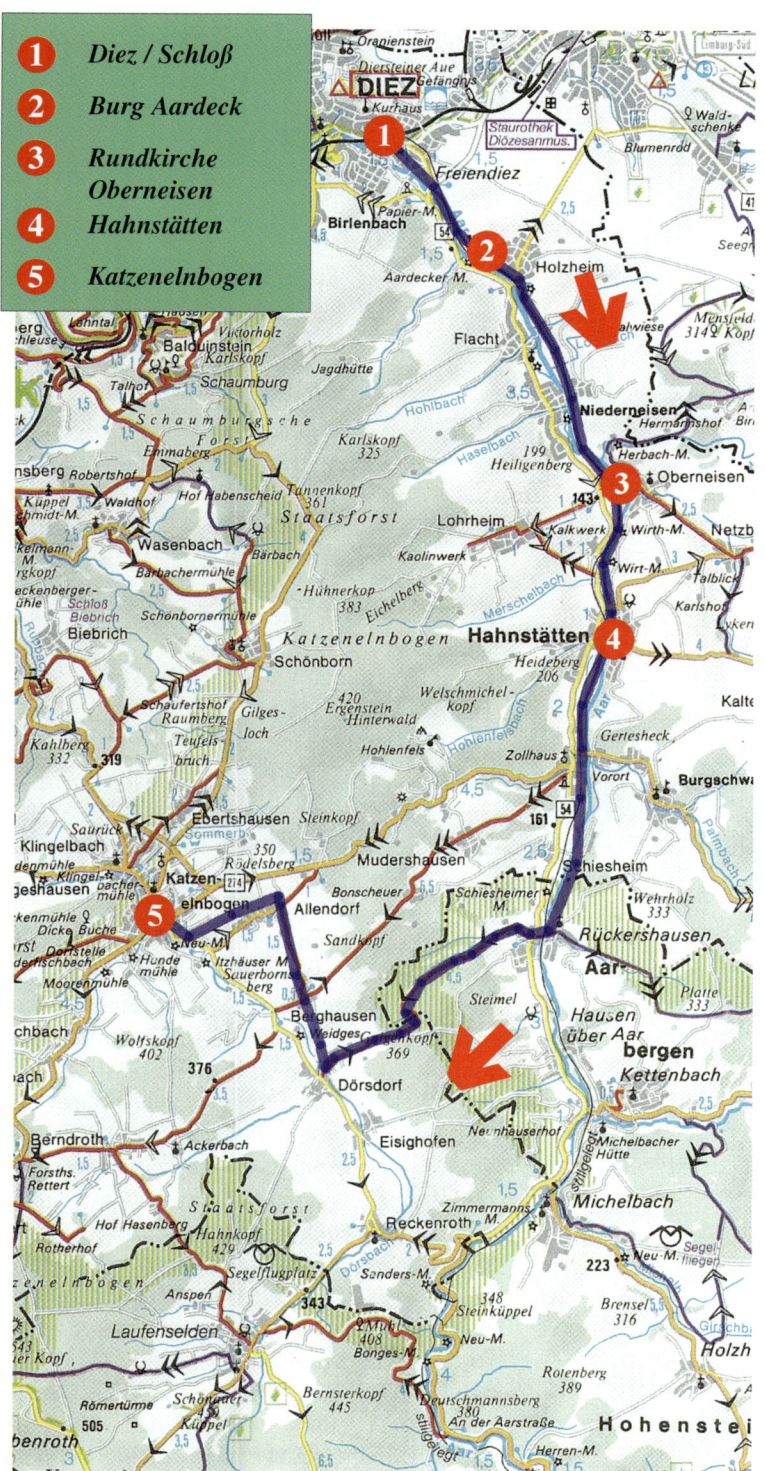

1 **Diez / Schloß**

2 **Burg Aardeck**

3 **Rundkirche Oberneisen**

4 **Hahnstätten**

5 **Katzenelnbogen**

Burg Aardeck

mir der Zugang verwehrt. Etwas verärgert über
diese Enttäuschung wollen mir schon einige un-
christliche Worte über die Lippen kommen, bis
mir Gott sei Dank noch bewußt wird, wo ich
mich hier befinde. Also schaue ich mir das
Gebäude von außen an, von dem ich immerhin
weiß, daß es zwischen 1817 und 1819 als Rundkirche erbaut wurde und von Säulen getragen
wird. Irgendwie erinnert mich die Kirche, die
in weiß und hellen rosa-Pastelltönen gehalten
ist, an das Weiße Haus in Washington. Mit dem
kleinen aber wichtigen Unterschied, daß dort
weltliche Entscheidungen getroffen werden und
der angeblich mächtigste Mann der Welt mit
meinem Herrn nicht konkurrieren kann – auch
wenn er in angeblich „Heilige Kriege" verwik-
kelt ist. Dieser Gedanke beschwichtigt meinen

Ärger über die verschlossenen Türen und ich entschließe mich, unter der Buche vor dem Gotteshaus eine kleine Pause einzulegen. Die kleine rote Bank lädt schließlich dazu ein. Außerdem kann ich dort gemütlich einen Blick in meine Karte werfen. Kaum schlage ich die Karte auf, als ein kleiner Schnipsel aus ihr herausfällt, auf dem die Notiz zu lesen ist: „Rundkirche Oberneisen: Besichtigungen nur nach Absprache mit Frau Friedrichs, Schöne Aussicht 14, in 65558 Oberneisen möglich. Telefon: 06430 - 74 69." Als in diesem Moment auch noch die Kirchenuhr schlägt, deren drei Glocken „Glaube, Liebe und Hoffnung" genannt werden, glaube ich nicht mehr an Zufall.

Besichtigung nur nach vorheriger Anmeldung möglich

Also trete ich den Rückweg an, der mich entlang der Friedhofsmauer und durch das Neubaugebiet zur Ruine der Burg von Oberneisen führt, die auf der linken Seite kurz vor der *Hauptstraße* steht. Von der einst mächtigen Anlage ist allerdings nur noch die Westwand erhalten. Dennoch vermittelt die vier Stockwerke hohe, 20 Meter breite und einen Meter dikke Bruchsteinmauer einen noch recht anschaulichen Eindruck, wie trutzig und mächtig der Bau einst neben der Kirche gewirkt haben muß. Bereits 1288 von denen „von Nesen" erbaut, ist die Burg im 30jährigen Krieg zerstört worden.

**TOUR 7
Hahnstätten**

Immer noch imposant: die Westwand der Burg von Oberneisen

Wieder auf der *Hauptstraße,* folge ich dem Hinweg zurück und den grünen Hinweisschildern des Aar-Radweges (R 36), die mich aus dem Dorf hinaus und ins Grüne führen. Abseits jeglicher Hektik führt der Weg über eine autofreie Forststraße durch Wiesen und Felder. Das Schild eines Biergartens, das um Kundschaft wirbt, kündigt bald Hahnstätten an, das ich über die *Oberneisener Straße* erreiche und das gleich eine Vielzahl an lohnenswerten Zielen bereithält.

Etwas abseits des Radweges, der mich sicher durch Hahnstätten geleitet, befindet sich

Die Rundkirche in Oberneisen

der „Nassauer Hof" in der *Aarstraße 35*. Dennoch sollte man auf jeden Fall diesen kleinen Abstecher durch die Einkaufsstraße zur Bundesstraße nehmen. Es ist höchstwahrscheinlich einer der geschichtsträchtigsten Bauten Hahnstättens: Das Fachwerkhaus, das in den Jahren 1774 bis 1776 erbaut wurde, erwarb 1798 der geschäftstüchtige Landwirt, Bauer und Gastwirt Johann Wilhelm Trock, der das zweigeschossige Haus schon bald zum Mittelpunkt des Dorfes machte. Er betrieb in diesem Gebäude, das direkt an der Hauptverkehrsader des

Der Nassauer Hof: seit 1798 im Dienste der Hahnstätter

Städtchens lag und liegt, sowohl eine Bierbrauerei, eine Schnapsbrennerei, einen Krämerladen, eine Küferei, als auch eine Gastwirtschaft. Mit anderen Worten, niemand konnte an diesem Haus vorübergehen. Als dann seit 1835 auch noch die Postkutschen, die zwischen Hahnstätten und Nastätten verkehrten, hier Station machten, war der Fachwerkbau entgültig der uneingeschränkte Treffpunkt der kleinen Gemeinde, wo man sich traf, um die neuesten Nachrichten und Klatsch aus der Region und dem Dorf unter die Leute zu bringen. Seit den 80er Jahren des 19. Jahrhunderts beschränkten sich die Nachkommen des Geschäftsgründers auf die Land- und Gastwirtschaft und lagerten die Bierbrauerei aus. Und auch heute befindet sich in dem Gebäude noch eine Restauration, die hungrige und durstige Radler mit Speisen und Spirituosen versorgt.

Ein Laden für alle Fälle

Wer es jedoch lieber spirituell mag, der sollte der evangelischen Pfarrkirche St. Nikolaus einen Besuch abstatten, die 1217 vom damaligen Diezer Grafen Heinrich III. auf dem Eisenberg erbaut wurde.

Das Prunkstück des Gotteshauses stellt die sogenannte Lehmstuckdecke des flachgedeckten Schiffes dar. Die sieben großen rundbogig geschlossenen Fenster sind im 18. Jahrhundert eingebaut worden, wobei sich vier auf der Nordseite und drei auf der Südseite der Kirche befinden. Im Inneren der Kirche zieht die alte Barockkanzel die Blicke auf sich, von der die Pfarrer seit 1731 zu Moral und Tugend aufrufen. Aber auch architektonisch – dabei denke ich insbesondere an den Rundbogenfries und die Rundbogenblenden – hat das Gotteshaus noch einiges aufzubieten, was den Besucher während einer Führung durch das evangelische Pfarramt Hahnstätten in den Bann zieht. Telefonische Auskünfte erteilt das Pfarramt: Rufnummer 06430/ 92 99 21.

Die Pfarrkirche St. Nikolaus – ein architektonisches Prunkstück

Auf meiner Weiterfahrt – ich folge weiterhin dem R 36 – komme ich an eine T-Gabelung, die mir gleich zwei Möglichkeiten eröffnet, mich noch weiter kulturell zu bilden. Nach links will mich ein Schild zur Burg Schwalbach lotsen, deren Turm einen überwältigenden Ausblick auf die umliegenden Dörfer, Felder und Wiesen gestattet, während nach rechts ein Schild nach Zollhaus lockt.

Unter dem Schutz der Gottesmutter

Rechts von uns befindet sich in dem äußerlich eher schlichten Bauwerk eine katholische Kirche, die in den Jahren 1925 bis 1929 erbaut wurde und unter dem Schutz der Gottesmutter steht, die als Patronin auserkoren wurde. Der ganze Stolz der im Innern „barockisierten" Kirche ist die Nachbildung der „Wiener Madonna" von Riemenschneider und der holzgeschnitzte Kreuzweg. Dienstags und samstags, jeweils um 18.30 Uhr, finden hier deutsch-italienische Gottesdienste statt. Wer die Kirche besichtigen möchte, muß einen Termin mit Frau Schneider vereinbaren, die unter der Nummer 06430 - 70 77 zu erreichen ist.

**TOUR 7
Hahnstätten**

Und wer schon den Abstecher zur katholischen Kirche Zollhaus gemacht hat, der kann auch der ansteigenden und vielbefahrenen (bitte Vorsicht!) Straße nach Katzenelnbogen folgen und wird nach zirka zwei Kilometern auf die Burg Hohlenfels stoßen, die inmitten einer herrlichen Waldlandschaft malerisch auf einem zerklüfteten Fels liegt. Ritter Daniel von Langenau ließ die Burg in den Jahren 1353-1363 erbauen, die in einer wechselvollen Geschichte an die verschiedensten Herren überging. Von 1960 bis 1978 genossen die „Nerother Wandervögel", die hier ihren Sitz hatten, die schlößliche Atmosphäre. Seit 1979 befindet sie sich in Privatbesitz.

Burg Hohlenfels liegt inmitten einer herrlichen Waldlandschaft

Unterhalb der Burg befindet sich die „Domäne Hohlenfels", ein ehemaliges Weidegut, das in den letzten Jahren kontinuierlich zu einem Landheim ausgebaut wurde. Heute umfaßt es sieben Gebäude, die den Gästen als Wohn- und Schlafhäuser zur Verfügung ste-

hen. Daneben bietet es Grillplätze, Fahrradverleih, Gaststätte und einen Zeltplatz. Ein alles in allem idyllischer Platz, der hier in den
letzten Jahren geschaffen wurde. Wer in der
Gruppe unterwegs ist und einen längeren Auf-
enthalt plant, sollte sich die „Domäne" vormerken (Tel.: 06430 - 70 36)

*Die „Domäne"
bietet für jeden
etwas*

Ich folge nun aber weiter dem Weg nach
Rückershausen und bleibe auf dem Radweg R
36. Ein Blick nach rechts auf die waldbestan-
denen Höhen deutet bereits an, was ich noch
vor mir habe – da muß ich hinauf! Noch führt
mich mein Weg aber eben entlang der Aar auf
Aarbergen und den Drei-Eichen-Hof zu, das ich
durch schattige Alleen passiere.

Etappe: Direkt dahinter kommt rechts Schies-
heim in Sicht und nach einem weiteren Kilometer biege ich in Rückershausen rechts auf
die *Friedrich-Ebert-Straße,* überquere die stillgelegte Bahnlinie und halte mich nach links auf
die *Limburger Straße.* Bereits an der nächsten
Möglichkeit führt mich der Weg nach rechts in
die *Rathenaustraße* – ein Straßenschild gibt die
Entfernung nach Dörsdorf mit vier Kilometern
an.

**TOUR 7
Hahnstätten**

Und dies bedeutet auch, daß es mit dem gemütlichen Radeln erst einmal vorbei ist. Vor
mir liegt ein Anstieg, der sich zwar nicht steil,
aber doch beständig nach oben zieht. Und das
geht in die Oberschenkel, die mit jedem Tritt
immer dicker werden. Aber zumindest die Straße ist angenehm befahrbar, da erstens kaum
Autoverkehr herrscht und sie zweitens durch
einen schattigen Mischwald führt. Und da muß
ich sagen Gott sei Dank, denn die heiße Juni-
sonne hat mittlerweile ihren Zenit erreicht und
knallt schonungslos, ohne daß auch nur eine
kleine Wolke sie für kurze Zeit verdecken würde, auf den Taunus herunter. Tritt für Tritt geht
es langsam voran, bis sich endlich die Hochebene vor mir erstreckt und die Straße wieder
leicht abfällt. Dörsdorf, das in einer Senke vor

*Der einzige
Anstieg der
heutigen Tour hat
es in sich*

Endlich ist Dörsdorf in Sicht

mir liegt, ist bereits an der gelbleuchtenden Pfarrkirche auszumachen, deren Turm weithin sichtbar die Gemeinde ankündigt, auf die ich mich nun zurollen lassen kann. Direkt hinter der Kirche, noch vor dem kleinen Bach, steuere ich nach links in den kleinen Weg auf eine Mineralwasserquelle zu, an der ich nach dem anstrengenden Anstieg eine Pause einzulegen gedenke. Im Schatten der Bäume, die die Quelle umgeben, lege ich erst einmal die Beine hoch und nehme einen kräftigen Schluck aus meiner Wasserflasche. Eine gute Viertelstunde verweile ich an diesem lauschigen Plätzchen, bevor ich die letzten drei Kilometer meiner heutigen Strecke in Angriff nehme.

**TOUR 7
Hahnstätten**

An der Kirche fahre ich in der Rechtskurve nach links ab, zwischen den Häusern hindurch auf den Forstweg (*Schulweg*) nach Berghausen und dort über die *Kirchstraße* und die *Hauptstraße* nach Allendorf. Am Gemeindeplatz überquere ich die Hauptstraße, fahre weiter geradeaus, dann links auf einen Wirtschaftsweg, der parallel zur Hauptstraße verläuft und am Reitplatz vorbei über die *Park-* und *Aarstraße* in die Stadt Katzenelnbogen hinein, über der das Schloß – das Wahrzeichen der gesamten Region - thront. Eine unterhaltsame Fahrradtour, die mich zwischendurch ganz schön ins Schwitzen brachte, endet am Brunnen vor der Einkaufstraße am Fuße der Burg. Leider besitze ich nicht mehr die Leichtigkeit der beiden Kids, die sich an diesem heißen Sommertag kurzentschlossen in den Brunnen werfen, um sich abzukühlen. Ich suche mir lieber eine Unterkunft für die Nacht, um mich unter einer kalten Dusche zu erfrischen und noch einen kleinen Streifzug durch die Stadt zu unternehmen. (Katzenelnbogen: siehe auch Tour 8+9)

IM REICH DER GRAFEN VON KATZENELNBOGEN

Ein geschichtlicher Rundkurs durch den Einrich

Strecke: Katzenelnbogen - Schönborn - Hof Bärbach - Hof Habenscheid - Wasenbach - Gutenacker - Bremberg - Attenhausen - Hunzeler Wald - Pohl - Obertiefenbach - Rettert-Berndroth - Dörsdorf - Allendorf - Katzenelnbogen.

Länge: Insgesamt 43 Kilometer.

Streckenbeschaffenheit: sehr starke Anstiege nach Gutenacker und Bremberg, aber auch nach Rettert; Strecke größtenteils auf gut befahrbarem Untergrund.

Karte: Deutsche Radtourenkarte 30 und 31, Haupka-Verlag, Bad Soden/Taunus.

Nahverkehr: Busverbindungen: Zwischen Katzenelnbogen und Schönborn verkehrt ein Überland-Bus (Regiolinie 3800) bis nach Diez.

*N*ach der drückenden schwülen Hitze der letzten Tage hat es heute Nacht endlich geregnet. Eine klare, frische Luft hat in die Gassen Einzug gehalten und sorgt dafür, daß ich wie die anderen 2.200 Einwohner der Stadt wieder befreit durchatmen kann. Eine helle Morgensonne, die aus dem strahlendblauen Himmel lacht, trocknet die letzten nassen Flekken und läßt Katzenelnbogen in einem klaren Licht erstrahlen, wie ich es sonst nur aus dem Hochgebirge kenne. Mit anderen Worten: ein idealer Tag, um mich auf meinen Streifzug durch den Einrich zu machen, wie das Gebiet der heutigen Verbandsgemeinde von Katzenelnbogen historisch benannt und schon 790 ur-

Der Einrich: das Gebiet der heutigen Verwaltungsgemeinde

77

kundlich belegt ist. Auch wenn der eigentliche Name „Katzenelnbogen" seit dem Jahre 1095 in alten Urkunden verbürgt ist.

Als ich meiner Bekannten Sylvia von meiner Radtour rund um Katzenelnbogen erzählte, konnte sie sich ein Schmunzeln über diesen Namen nicht verkneifen. „Was für ein Name! Wer ist denn da drauf gekommen?", war ihre spontane Reaktion. „Drauf gekommen ist da wohl niemand", zeige ich mich entrüstet ob solch naiven Ansinnens. Als ob man eine Stadt oder ein Gebiet wie ein neugeborenes Kind benennen könnte! „Die wahrscheinlichste Deutung", fahre ich etwas genervt fort, „denn der Ursprung des Namens kann nicht mehr eindeutig geklärt werden, geht dahin, daß 'Katze' wohl für 'klein' steht, während mit 'Ellenbogen' früher eine 'Bachkrümmung' bezeichnet wurde. Katzenelnbogen wäre somit der Ort an der 'kleinen Bachkrümmung'." Überhaupt ist es mir schleierhaft, daß ein halbwegs gebildeter Mensch noch nie etwas vom Geschlecht der Katzenelnbogener gehört hat. Schließlich handelt es sich hierbei um Hochkaräter, die in jedem deutschen Geschichtsbuch zu finden sind und in einem Atemzug mit „Blaubart" Friedrich Barbarossa genannt werden, der 1174 Graf Hermann von Katzenelnbogen zum Bischof im westfälischen Münster berief. Und der Stammsitz derer von Katzenelnbogen, das Schloß, das hoch über der gleichnamigen Stadt thront, gilt immerhin als das Wahrzeichen einer ganzen Region.

Mit der Ernennung ihres Ahnen zum Bischof hatten die Katzenelnbogener aber noch lange nicht den Höhepunkt ihrer Herrschaft erreicht. Denn nach dem Tode von Friedrich II. – im Jahre 1250 – und dem damit verbundenen Ende der Stauferherrschaft, vergrößerten die Herren von Katzenelnbogen beständig ihren Einzugsbereich. Wobei die Eroberung der Burg Rheinfels eine nicht unerhebliche Rolle spielte, da sie von strategischer Wichtigkeit war. Schließlich sicherte sie den Katzenelnbogenern die reichlichen Einnahmen, die aus dem Rheinzoll

Die Katze im Namen hat nichts mit dem gleichnamigen Tier zu tun

TOUR 8
Katzenelnbogen

Die Grafen erreichen den Höhepunkt ihrer Herrschaft

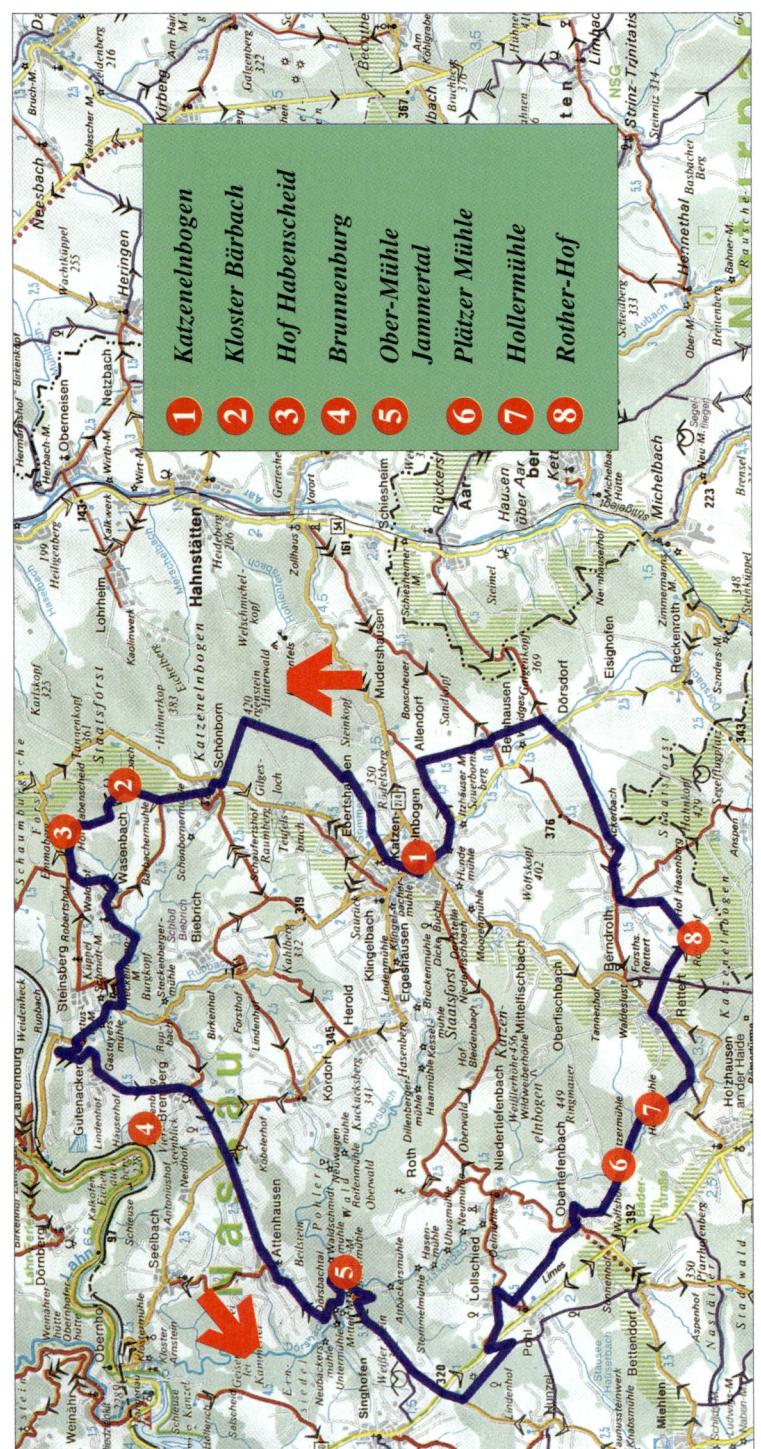

1 Katzenelnbogen
2 Kloster Bärbach
3 Hof Habenscheid
4 Brunnenburg
5 Ober-Mühle Jammertal
6 Plätzer Mühle
7 Hollermühle
8 Rother-Hof

in ihren Geldbeutel flossen. Denn genau wie heute lautete auch schon damals das Motto: „Ohne Moos nichts los!"

Den Höhepunkt ihrer Macht erreichten die Grafen von Katzenelnbogen unter König Adolf von Nassau, dem 1312 die Verleihung der Stadtrechte folgte, die allerdings später wieder entzogen wurden. Erst 1962 wird der Ort wieder in diesen Stand erhoben.

Als 1479 der letzte Graf von Katzenelnbogen verstirbt, beginnt eine äußerst wechselvolle Geschichte, in derem Verlauf Katzenelnbogen an verschiedenste Grafen und Herzogtümer fiel, bis es 1866 nach Preußen kam.

Das Geschlecht stirbt aus, die Burg aber bleibt

Geblieben ist aber die Burg, die 1095 auf der strategisch wichtigen Felsenhöhe errichtet wurde. 1540 durch ein Feuer zerstört, nahmen sich die Edlen von Leyen der Ruine an, die sie 1584 als Schloß wieder aufbauen ließen. Heute befindet sich ein Hotel und Restaurant in den alten Gemäuern.

TOUR 8
Katzenelnbogen

Nach soviel Geschichte wird es aber nun Zeit, daß ich mich auf meine Spurensuche duch den Einrich begebe, der 1972 als Verbandsgemeinde aus der Taufe gehoben wurde.

Etappe: Durch die *Untertalstraße* und die *Obertalstraße* zur *Lahnstraße*. Dort rechts und der Ausschilderung „Stadthalle und Schloß" folgen - scharfe Rechtskurve auf den Forstweg zu - nach zirka 40 Metern rechter Hand Sportplatz - über die Brücke hinweg auf das Windrad zu, dann links am Waldrand lang auf die alte Lore an der Wegekreuzung zu - Ab sofort dem Weg mit den Zeichen „Schlägel und Eisen" folgen - zwei Kilometer weiter bis auf der rechten Seite eine Schutzhütte erscheint - hier Ausschilderung nach Schönborn nach - Hauptverkehrsstraße - Europawanderweg E1.

In Schönborn an der Fuchsenhöhle

Wann genau die ersten Siedler begonnen haben, das weiträumige Waldgebiet der Fuchsenhöhle zu roden und für wirtschaftliche Zwecke zu nutzen, ist bis heute im Dunkeln geblieben. Zum ersten Mal erscheint Schönborn 1284 in

Das Schloß Katzenelnbogen

den Chroniken – also zu einer Zeit, als der Einfluß der Grafen von Katzenelnbogen sich schon bis in diesen nördlichen Zipfel des Einrichs ausgeweitet hatte. Und da verwundert es auch nicht, daß sich die Schönborner in den Dienst der Grafen stellten und an deren Machtgewinn partizipierten: Einige Schönborner brachten es in dieser Zeit zu angesehenen Rittern, Amtsleuten und Hofmeistern. Was aber nicht darüber hinwegtäuschen sollte, daß das Gros der Bewohner weiterhin mehr oder weniger von der Hand in den Mund lebte. Wozu sicherlich auch die gewalttätigen Kriege beitrugen, die über alle Dörfer des Einrichs hereinbrachen.

TOUR 8
Katzenelnbogen

Nördlich von Schönborn liegt der kleine Weiler Bärbach, den ich über den Europawanderweg E1 erreichte, der über eine Landstraße schnurstracks auf die alten Ruinen und die kleine Ansiedlung in der flachen Senke zuläuft.

Von der einst glorreichen Vergangenheit, die sich auf diesem kleinen Flecken am Bärbach ereignete, ist heute nicht mehr viel zu erkennen. Nur noch Ruinenreste künden von dem ehemaligen reichen Kloster der Clarissinnen. Und auch diesmal hatten die Grafen von Katzenelnbogen ihre Hände im Spiel, als sie 1334 dem Orden Wald und Land zur Gründung des

Bärbach: das einst mächtige Kloster der Clarissinnen

Klosters überließen. Bereits 1335 werden in Bärbach acht Nonnen erwähnt, die unter harten Bedingungen und zahlreichen Entbehrungen den Aufbau der Abtei vorantrieben, die in den folgenden Jahrhunderten wachsen und gedeihen sollte. Insbesondere die Äbtissin Else Elisabeth nahm in der ersten Hälfte des 15. Jahrhunderts die Geschicke des Klosters in ihre energiegeladenen Hände. In ihre Amtszeit fallen beachtliche landschaftliche Käufe und Beleihungen, die Neuanlage von Klostermühlen, als auch die Knüpfung von wirtschaftlichen Kontaken zu überrheinischen und moselanischen Klöstern, die Bärbach zu einem bedeutenden Wirtschaftsfaktor machten. Allerdings währte die Blütezeit nicht lange. Schon 100 Jahre später schienen die Nonnen mit den wirtschaftlichen Aufgaben überfordert zu sein. Schriftliche Notizen sprechen von Verweigerungen des Pachtzinses, der Vernachlässigung klösterlicher Liegenschaften, ausbleibenden Getreidelieferungen und einem kläglichen Zustand der Weinberge. Hinzu kam, daß 1527 im Zuge der Reformation die Schließung des Klosters verordnet wurde. Heute bieten die verbliebenen Gehöfte einen eher trostlosen Anblick und ich setze meinen Weg auf dem E1 zur Kirche Habenscheid fort.

Ein wichtiger Wirtschafts-standort mit weitreichenden Beziehungen

Schon bald rückt die Kirche mit ihrem viereckigen Turm in meinen Blick. Bereits seit dem 2. Jahrhundert soll hier eine Kirche gestanden haben. Als Habenscheider Pfarrkirche taucht sie allerdings erstmals 1194 in alten verstaubten Dokumenten auf. Danach vollzieht sich eine recht wechselhafte Geschichte. Habenscheid, das an der Grenzgemarkung zwischen den Diezer und dem Katzenelnbogener Einzugsbereich lag, war über Jahrhunderte hart umkämpft. Erst der Schaumburger Frieden (um 1350) brachte etwas Ruhe in diese Angelegenheit zwischen den verfeindeten Kontrahenten.

Die Habenscheider Kirche – stets umkämpft

Für einige Zeit konnte Habenscheid in Frieden leben, bis es in den Wirren des 30jährigen Krieges ausgelöscht wurde. Die Kirche verfällt, bis sich 1687 die Fürstin Charlotte von Diez ihrer annimmt und die Renovierung des alten, ehrwürdigen Gemäuers vorantreibt. Doch schon 1820 ist die Kirche wiederum in einem so bemitleidenswerten Zustand, daß Fürstin Amelie von Diez-Nassau eine erneute Renovierung des Gotteshauses veranlaßt, in deren Zuge das Kirchenschiff an den romanischen Turm und den gotischen Chorraum angebunden wird.

Ich verlasse Habenscheid und halte auf Wasenbach zu, das diese unruhigen Zeiten als reichsritterschaftlicher Ort überstand. Wiederum folge ich der Wanderroute E1 bis zur Kreuzung, an der eine Miniaturabbildung der Habenscheider Kirche zu besichtigen ist, und fahre dann links entlang der Hauptstraße, um sofort wieder links der Ausschilderung nach Wasenbach zu folgen (1km)

TOUR 8
Katzenelnbogen

Wasenbach ist schnell erreicht, das ich auf der Hauptstraße durchquere. Und was dann folgt, ist Radvergnügen pur. Über mehrere Kilometer geht es durch ein wunderschönes, bewaldetes Tal bergab in Richtung Laurenburg. Der Fahrtwind rauscht in meinen Ohren und die vereinzelten Straßenschilder huschen an mir vorbei, kaum daß ich sie lesen kann. Was aber wiederum bedeutet, daß die heruntergefahrene Strecke auch irgendwo wieder nach oben führt. Und kaum habe ich diesen Gedanken zuende gedacht, erscheint das Schild, das die Richtung nach Gutenacker ausweist. Und wie ich es schon vermutete, geht es steil bergauf. Ich schalte alle Gänge zurück und trete kräftig in die Pedale. In zig Kehren windet sich die Straße nach oben, und an der unter mir liegenden Straße nach Laurenburg ist leicht abzulesen, welche Anstiege hier zu bewältigen sind: mindestens 200 schweißtreibende und kräfteraubende Höhenmeter bringen mich vollkommen außer Puste. Gott sei Dank erscheint auf der linken Seite eine Bank, die zum Verschnaufen einlädt. Und dabei bin ich gerade mal auf halber Strecke und ein Ende der Steigung ist nicht absehbar.

Radlers Freuden und Leiden: nach der Abfahrt beginnt der Aufstieg

Ein innerlicher Jubel befällt mich, als ein geranienbehangenes Holzschild davon kündet, daß das über 800 Jahre alte Gutenacker, und damit auch der Scheitelpunkt, erklommen ist. Natürlich sind die Aussichten über das Lahntal einmalig – aber auch hart umkämpft!

Mich rechts haltend durchfahre ich die kleine Ortschaft im Halbkreis bis zum Rathaus mit seinem Turm und der Uhr. Über den *Kirchweg* geht es dann weiter nach Bremberg, der nächsten Station. Der Weg führt zwischen Feldern hindurch in eine Senke, auf deren gegenüberliegender Seite schon der erneute Anstieg nach Bremberg zu erkennen ist.

Bremberg, das schon vor 850 Jahren gegründet wurde, stellt sich als kleiner verträumter Bauernort dar. Ich greife erst einmal zur Wasserflasche – der Schweiß rinnt aus allen Poren – und lasse mich schlapp auf eine Bank fallen und lege die Beine hoch. So pustend und prustend, errege ich die Aufmerksamkeit eines Bauern, der mit seiner rot-weißen Baseballkappe eine Schubkarre vor sich herschiebt und mich interessiert fragt, ob ich tatsächlich den ganzen Weg hier hoch geradelt bin. Nein, ich muß gestehen, daß ich ab und an mein Rad schieben mußte. Was ihn auch gar nicht verwundert, da „ die Straßen ja nur mit Rauhasphalt geteert sind, die leichtes Fahren nicht zulassen". – Ja, wenn es nur das wäre!

Da der gute Mann schon einmal da ist, erkundige ich mich nach dem Weg zur Brunnenburg, einem ehemaligen Kloster, das hier inmitten eines Waldes stehen soll – beziehungsweise was heute noch davon übrig ist. Denn nach der Reformation wurde das Prämonstratenserinnenkloster abgerissen, so daß heute nur noch Teile des Chores erhalten sind.

„Ach, da wollen Sie auch noch hin", entfährt es dem Bauern, „da haben Sie sich ja einiges vorgenommen!" Und erklärt mir, daß das alte Nonnenkloster abseits aller öffentlichen Straßen nur auf Wanderwegen zu erreichen ist. Nach kurzem Überlegen, ob ich das hoch über der Lahn gelegene Stift auf Schusters Rappen bezwingen soll, entscheide ich mich, daß mein heutiger Bedarf an Klöstern eigentlich schon gedeckt ist, und setze meinen Weg nach Attenhausen fort, das zirka vier Kilometer in südwestlicher Richtung vor mir liegt.

Noch einmal steigt die Straße leicht an, ohne daß ich jedoch aus dem Sattel müßte. Und die mich umgebende Natur entschädigt für alle bisherigen Mühen und Strapazen. Zwischen grünen Wiesen und abgemähten Getreidefeldern, die einen weiten Blick über das Hochplateau zulassen, radle ich auf Attenhausen, das in einer Senke vor mir liegt, zu. Was gleichzeitig bedeutet, daß ich mich bequem durch die gemütlich wirkende Ortschaft rollen lassen kann, sogar gezwungen bin, immer wieder abzubremsen, damit Attenhausen nicht gänzlich an mir vorbeirauscht. Bis zum Dörsbach brauche ich nicht mehr in die Pedale zu treten: stark abschüssig rase ich in das romantische Tal der Mühlen, die wie an einer Perlenkette aufgezogen den Lauf des Dörsbaches begleiten. Als erstes erreiche ich die Obermühle, die wie viele der anderen Mühlen heute eine Gastwirtschaft mit Biergarten beherbergt.

TOUR 8
Katzenelnbogen

Östlich der Mühle schlängelt sich der Dörsbach durch das Jammertal, einer landschaftlich besonders reizvollen Gegend, durch das viele Wanderwege führen. Die schroffen und steilen Hänge künden von noch unberührter Natur. Hinter dem Namen verbirgt sich eine Tragödie, die sich vor langer Zeit hier abgespielt haben soll. Kinder, auf dem Heimweg von der Schule, sollen sich im Tal verirrt und im Schnee umgekommen sein. Das Jammern und Klagen der Eltern soll über Tage hinweg das Tal erfüllt haben.

Und auch mir ist zum Jammern zumute, denn in Kehren windet sich die Straße nun steil nach oben. Alles, was eben so schön in rasanter Fahrt zurückgelegt wurde, muß jenseits des Dörsbaches wieder mühevoll erstiegen werden. Und erstiegen ist es im wahrsten Sinne des

Das Jammertal:
Für Wanderer eine
der schönsten
Stellen im Kreis

Wortes, denn an Radeln ist nicht zu denken. Fast zwei Kilometer schlängelt sich die Straße nach oben, bis rechter Hand Singhofen ins Blickfeld tritt und ich wieder aufsteige.

Etappe: Über die Kreuzung hinweg geht es in die „Deutsche Limesstraße", der ich bis zur zweiten Möglichkeit (!) links in den Wald auf den Forstweg folge, der gut befahrbar parallel zur Bundesstraße verläuft. Am Ende der asphaltierten Straße links folgen und zirka 100 Meter über die Bundesstraße zurück. Dort rechts ab nach Lollschied und der Ausschilderung nach Pohl folgen. Vor dem ersten Ortsschild links auf den Forstweg, der nach 200 Metern in einen asphaltierten Weg übergeht.

Über diesen Weg halte ich auf Obertiefenbach zu, das schon bald am Zwiebelturm seiner evangelischen Kirche auszumachen ist. Am Friedhof vorbei, dann links *In der Vorstadt* und *An der Kirche,* bis ein Schild zur Plätzer Mühle weist. Ins Tal hinunter und kurz vor dem Lokal links über den Bach und recht in entgegengesetzter Richtung dem R7 folgen.

Durch den Wald halte ich auf die Hollermühle, einem weiteren Ausflugslokal zu, das ich mir für eine Pause ausgeguckt habe, die ich mittlerweile auch bitter benötige. Denn die beiden zurückliegenden starken Anstiege haben doch recht stark an meinen Kräften gezehrt. Da kommt mir die reichhaltige Speisekarte der Hollermühle gerade zupaß. Zumal ein Blick auf die Radwanderkarte verrät, daß noch ein schwerer Anstieg auf mich wartet.

Nach einer ausgedehnten Pause schwinge ich mich wieder aufs Rad und folge dem Waldweg bis zu einer T-Kreuzung, an der ich mich links – es erwartet mich der eben angesprochene Anstieg – nach Rettert wende. Über die Bundesstraße führt mich der Weg in die Gemeinde hinein, die ich aber gegenüber der Kirche via *Schulstraße* wieder verlasse. Am Gemeindehaus vorbei erreiche ich freie Felder und Wie-

TOUR 8
Katzenelnbogen

Rasten zwischen Plätzer Mühle und Hollermühle

Über Rettert zum Rother-Hof

Der Rother-Hof zwischen Rettert und Berndroth

sen, die mich bis zum Rother-Hof begleiten. Der idyllische Fachwerkhof steht beinah symptomatisch für die vielen schönen Stellen abseits jeglicher Hektik, die im Einrich immer wieder zu finden sind.

TOUR 8
Katzenelnbogen

Etappe: Berndroth - *Lindenstraße* - *Rheinstraße* rechts durch Berndroth hindurch - Akkerbach - zwischen den Bauernhöfen hindurch auf den Schotterweg entlang des Ackerbaches - über den asphaltierten Weg auf Dörsdorf zu - an der Kirche in der Rechtskurve nach links ab, zwischen den Häusern hindurch auf den Forstweg (*Schulweg*) nach Berghausen - *Kirchstraße* - *Hauptstraße* - Allendorf - am Gemeindeplatz geradeaus - links auf den Wirtschaftsweg, der parallel zur Hauptstraße verläuft - am Reitplatz vorbei - über *Park-* und *Aarstraße* nach Katzenelnbogen hinein.

Müde und erschöpft komme ich wieder am Brunnenplatz an, von dem ich heute morgen gestartet bin. Eine anstrengende Tour durch den Einrich geht zuende. Nur eins verwundert mich: daß das Gebiet zwischen Westerwald und Taunus in meinem Reiseführer als „flaches Land" bezeichnet wird. Ganz im Gegenteil, erscheint es mir ganz schön hügelig.

Eine schöne Tour für anspruchsvolle Radler

Im Land der
sanften Wellen

Wie flüssige Träume zerfließen die Konturen auf der glänzenden Wasserfläche. Grüne Spiegelbilder aus wuchernden Flussauen und waldreichen Bergrücken, in denen der Mensch Ferien im Einklang mit der Natur findet. Die Lahn gehört zu den schönsten Töchtern des Rheins und mit der Ausstrahlung von Leichtigkeit und Lebenslust begleitet sie denjenigen, der sie näher kennenlernen will. Kanus und Yachten führt sie zu stillen Wassern, die weiche Wogen schaffen, wenn sie vorübergleiten. Den Wanderer und Radfahrer geleitet der Fluss durch lichte Wälder, schattige Bachtäler und sonnendurchflutetete Weinberge.

Das Blau russischer Kirchenkuppeln mischt sich mit dem Weiß wilhelminischer Bäderarchitektur – die Lahn hat Zaren und Kaiser kommen und gehen gesehen, hat in Bad Ems rauschende Feste gefeiert. Vorbei an sagenhaften Orten, die mittelalterliche Mauern zum Sprechen bringen führt der Weg in die klaren Weiten des Taunus.

Durch Wiesen und Wäldern, wo alte Dörfer und Ortschaften wie reife Früchte herausplatzen. Blau färbt sich der Himmel über dem Land und die Farbe spiegelt sich im Blauen Ländchen wieder. Der Dorfbackes raucht und wiederum ziehen Wogen des Wohlgefühls durchs Land. Willkommen zwischen Lahn und Taunus, dem Land der sanften Wellen! Hier findet der Gast die Antwort auf die Sehnsucht, die in jedem Herzen schlummert.

» kein schöner Land «

lahn
taunus

Lahn Taunus Touristik
Postfach 1107 · 56371 Nassau/Lahn
Tel. 02604/9702-30 · Fax 02604/9702-24

WO SCHINDERHANNES ZUHAUSE WAR

Von Katzenelnbogen in den westlichen Taunus nach Miehlen und Nastätten

Strecke: Katzenelnbogen - Dörsdorf - Rettert - Holzhausen - Obertiefenbach - Miehlen - Nastätten.

Streckenlänge: Insgesamt 23 Kilometer.

Streckenbeschaffenheit: Strecke mit einigen schwierigen Steigungen; größtenteils auf asphaltierter Wegstrecke, aber auch Teilstücke auf schottrigem Untergrund und Waldwegen.

Karte: Deutsche Radtourenkarte 30 und 31, Haupka-Verlag, Bad Soden/Taunus.

**TOUR 9
Miehlen**

Nahverkehr: Zwischen Katzenelnbogen und Nastätten verkehrt die Regiolinie 3800 mit Anbindung nach Diez bzw. St. Goarshausen.

*A*uch meine heutige Tour, die mich nach Miehlen und Nastätten führen wird, beginnt am Brunnen unterhalb des Schlosses neben dem örtlichen Geldinstitut. Von hier genieße ich noch einmal den reizvollen Blick auf das Schloß mit dem kleinen achteckigen, schieferverkleideten Erker, das in der prallen Morgensonne liegt. Aus einem vorbeifahrenden Auto erschallt ein alter Hit der Petshop Boys, der wie geschaffen ist, um meine Routenführung vorzugeben: „Go west" stampft der etwas monotone, aber eingängige Rhythmus. Denn auch ich werde heute diese Richtung einschlagen und auf den westlichen Taunus zuhalten. Ein kurzer Blick auf die goldenen Zeiger der roten Kirchturmuhr, die ich links ne-

*Go west!
In den westlichen
Taunus*

ben dem Schloß erspähe, zeigt mir, daß es höchste Zeit ist, mich von Katzenelnbogen zu verabschieden und in die Pedale zu treten.

Über die *Aar-* und *Parkstraße* verlasse ich Katzenelnbogen, fahre am Reitplatz vorbei, biege vor der Ortslage Allendorf nach rechts ab und stoße auf die Hauptstraße. Dieser Folge ich nach links und durchradle die kleine Gemeinde, die ruhig und äußerst gepflegt erscheint. Höchstwahrscheinlich handelt es sich um eines dieser Dörfer, die über einen Fußballverein und eine Gaststätte mit angeschlossenem großen Saal verfügen, in dem alle Feierlichkeiten abgehalten werden: von der Taufe bis zur Beerdigung. Dazu stimmt dann auch der Brunnen am Wegesrand, an dem eine Lebensweisheit angebracht ist: „So einfach ist das Leben, geben, geben, geben." Mir kommt dabei ein Satz in den Sinn, den eine in der Region beheimatete ältere Dame auf der Zugfahrt mit der Lahntalbahn äußerte: „Um die Menschen hier verstehen zu können, muß man hier geboren sein." Für Städter kaum nachvollziehbar, besteht in diesen kleinen Gemeinden oftmals noch eine gewachsene Gemeinschaft, in der man aufeinander achtet. Oder wie es die ältere Dame ausdrückte: „Hier kann es Ihnen passieren, daß der Postbote Sie am Ortsausgang auf der Straße anhält, um sie darauf aufmerksam zu machen, daß Sie vergessen haben, in der Küche das Licht zu löschen." Was letztlich auch meine Erfahrungen mit den Menschen im Rhein-Lahn-Gebiet bestätigt: Immer wieder bin ich hier freundlich angesprochen worden, hat man sich erkundigt, wohin ich unterwegs bin, was ich mir anschauen will.

Der Straße folgend, erreiche ich den Brunnen am Gemeindehaus und halte mich dort nach rechts in Richtung Berghausen, das nur einen Kilometer entfernt ist. Weit kann ich in die Straße einsehen, die geradeaus in eine Senke führt und auf der anderen Seite zur Ortschaft wieder ansteigt. Ein wenig fühle ich mich an

Kleine Dörfer, in denen die Welt noch in Ordnung ist

TOUR 9 Miehlen

Hier ist ein netter Menschenschlag zuhause

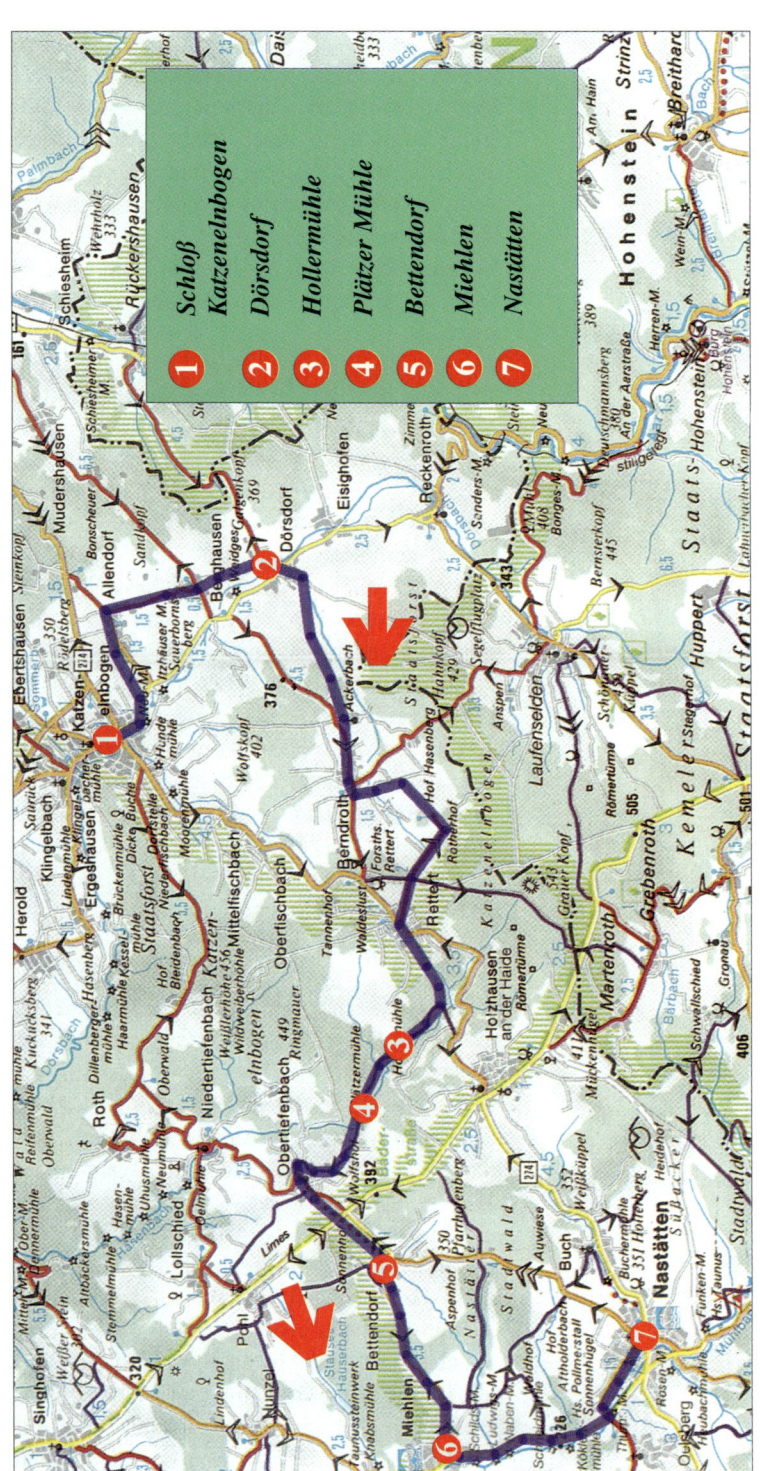

1 Schloß Katzenelnbogen
2 Dörsdorf
3 Hollermühle
4 Plätzer Mühle
5 Bettendorf
6 Miehlen
7 Nastätten

91

eine Urwaldstraße durch den brasilianischen Regenwald erinnert, deren Verlauf man über Meilen mit bloßem Auge verfolgen kann. Vielleicht kommt mir diese Assoziation ja auch durch die heute vorherrschenden schwülen Temperaturen, die dafür sorgen, daß mein T-Shirt schon durchgeschwitzt ist. Allerdings ist aus westlicher Richtung bereits Linderung in Sicht, wo sich immer mehr Wolken zusammenziehen.

Schon bald komme ich in das eigentliche Zentrum von Berghausen, das in der *Kirchstrasse* noch ein sehr schönes altes Fachwerkhaus mit schwarzem Gebälk aufweist. Ich frage mich, ob Berghausen nach denen benannt ist, die auf dem „Berg hausen?" Denn in der Tat liegt der Weiler auf einer Anhöhe, und nachdem die Hauptstraße überquert ist, geht es erneut stark abschüssig in den Forstweg (*Schulweg*), der praktisch die Verlängerung der *Kirchstraße* darstellt. Teilweise geht es auf diesem Streckenabschnitt wie auf einer Achterbahn zu: In rasanter Fahrt rausche ich in eine Mulde, um mich auf der anderen Seite wieder auf eine Anhöhe zu kämpfen, hinter der schon die nächste Talfahrt auf mich wartet. Und auch Dörsdorf kann ich schon von einer Anhöhe ausmachen.

Die Kirche mit dem Schieferdach leuchtet gelb in der Sonne, als wolle sie mir zeigen, wo es langgeht. Am Ende des Forstweges (*Schulweg*) biege ich rechts auf die *Schulstraße* und stehe nach weiteren 40 Metern auf dem Kirchplatz. Mein Fahrrad an einer Hauswand abgestellt, erklimme ich die 29 breiten Stufen bis zum Holzportal der Kirche, das kontrastreich im dunkelroten Farbton gehalten ist. Leider bleibt das Gotteshaus für mich an diesem Tage verschlossen, was in der Regel darauf hinweist, daß es sich um eine evangelische Kirche handeln muß. Zumindest kann der Holzbalkon des gegenüberliegenden Backsteinhauses bewundert werden. Und direkt hinter diesem roten

Die Kirche in Dörsdorf und der Holzbalkon

Die farbenfrohe Kirche in Dörsdorf

Backsteinbau plätschert eine Mineralwasserquelle, die man über den Waldweg erreicht, der
neben dem Gebäude in den Wald führt. Sechs-
eckig ist das kühle Naß ummauert und bietet
unter Eichen und Linden einen idealen Platz
für eine Rast. Ruhig, kein Straßenlärm stört,
ist nur das Zwitschern der Vögel zu hören. Nach
einigem Hin und Her, ob ich soll oder nicht,
bücke ich mich doch über die Quelle und pro-
biere das Wasser. Es schmeckt sehr bitter, was
ich mir hätte denken können, schließlich zeugen schon die dunkelbraun bis roten Flecken,
auf die das Wasser auftrifft, davon, daß es sich
um eine stark eisenhaltige Quelle handeln muß.
Von hier ist auch die Pfarrkirche mit ihren rot-
gerahmten Fenstern sichtbar, die so farbenfroh
auf sich aufmerksam macht. Endlich mal ein
Gotteshaus, das nicht in unscheinbaren Farben
gehalten ist, sondern schon durch sein äußeres
Erscheinungsbild eine lebensfrohe Stimmung
vermittelt. Schließlich muß ja nicht immer alles auf das Jenseits ausgerichtet sein.

Von diesem Gedanken noch getragen, setze
ich meine Fahrt über die Hauptstraße und die
folgende Kreuzung fort, die überquert werden
muß. Auf der anderen Straßenseite wird mir

**TOUR 9
Miehlen**

*Quellen
sprudeln hier
fast an
jeder Ecke*

der weitere Weg gleich in sechs Straßen ge-
wiesen, die alle erst einmal die gleiche Richtung einschlagen: Ich habe die Auswahl zwischen *Neue Schule*, *Südhang*, *In der Lehmkaul*,
Schöne Aussicht, *Am Ackerbach* und *Mühl-
straße*. Ich halte auf den *Ackerbach* zu, da der
weitere Weg eben neben diesem Bach verlaufen soll. Nach 300 Metern habe ich auch die
letzten Häuser der Ortschaft hinter mir gelassen und radle zwischen Wiesen und Feldern
hindurch. Linkerhand ist der Ackerbach auszumachen, dessen Lauf aber nur durch die Bäume und Sträucher zu erkennen ist, die sein kleines Bett umstehen. Ich lasse meinen Blick über
die sanft-hügelige Landschaft um Katzenelnbogen schweifen, die durch Landwirtschaft und
Mischwälder geprägt ist. Am Horizont bläst der
Wind die ersten dicken, dunklen Wolken aus
dem Westen zu mir herüber, genau aus der
Richtung, in die ich nun meinen Drahtesel
steuere. Das sieht mir ganz nach einem gehöri-
gen Schauer aus, der wohl bald auf das Land
niedergehen wird.

Also trete ich etwas fester in die Pedale, um
den nächsten Ort und ein trockenes Plätzchen
zu erreichen, bevor es zu regnen beginnt. An
schnelleres Fahren ist auf den kommenden
Metern allerdings nicht zu denken, da die be-
queme asphaltierte Straße in einen Schotterweg
übergeht, der mein Vorderrad hin und her-
schlingern läßt. Aber Gott sei Dank nimmt diese
schlechte Wegstrecke nach 500 Metern ein
Ende und ich bekomme ab Ackerbach wieder
festen Boden unter die Reifen.

Ich passiere die Siedlung und fahre auf der
Rheinstraße durch Berndroth, biege links ab in
die *Lindenstraße*, auf der ich das Daorf verlasse. Durch eine abgeschiedene Wald- und Wie-
senlandschaft erreiche ich den Rotherhof, halte mich danach nach rechts und gelange über
freie Wiesen und Felder nach Rettert. Vorbei
am Gemeindehaus und über die *Schulstraße*
komme ich zur Kirche, an der ich links auf die

**TOUR 9
Miehlen**

Bundesstraße B 274 abbiege. Rettert unterscheidet sich kaum von den anderen kleinen Ortschaften, die ich bisher passiert habe. Eine Hauptstraße, ein kleiner Laden, eine Kirche und ein oder zwei Gaststätten – das war´s.

An der Ortsausfahrt folge ich rechts den Schildern, die mich zum Schwimmbad und zur Hollermühle schicken. Steil windet sich die Straße hinab und bei rasanter Fahrt, der Windzug bläst mir kräftig um die Ohren, jubiliere ich innerlich, obwohl ich natürlich auch weiß, daß es irgendwo ja auch wieder nach oben gehen muß. Und hinter der nächsten Kurve sehe ich mit Schrecken den kommenden steilen Anstieg vor mir. Doch heute scheint mein Glückstag zu sein, denn vor dem Anstieg hat eine freundliche Hand ein Schild gestellt, das mich nach rechts zum Ausflugslokal Hollermühle weist. Und diese Strecke verläuft relativ eben durch einen schattigen Wald. Es handelt sich um den als R7 ausgeschilderten Radweg, der mich bis nach Miehlen leiten wird.

Hollermühle und....

**TOUR 9
Miehlen**

Immer wieder sind kleine Holzschilder an Bäumen angebracht, die dazu auffordern weiterzufahren: „Zur Hollermühle. Halten Sie durch! Es lohnt sich." Mich betreffen diese Hinweise heute jedoch nicht, da ich diese Tour an einem Dienstag unternehme, an dem die Betreiber des Ausflugslokals ihren freien Tag haben. Was mir aber nicht viel ausmacht, da ich weiß, daß nur zwei Kilometer weiter schon die Plätzer Mühle mit Kaffee auf mich wartet. Also radle ich weiter auf dem gut befahrbaren Radweg, bis auf der rechten Seite eine Schutzhütte erscheint. Hier halte ich mich links und nach wenigen hundert Metern steht auch schon die Plätzer Mühle in einem tiefen Tal gelegen vor mir. Hier hole ich das nach, was mir an der Hollermühle verwehrt blieb: Ich kehre ein.
Nur das mit dem Namen will mir nicht so recht in den Sinn – denn eine Mühle kann ich beim besten Willen weit und breit nicht erkennen. Was mir aber im Moment ziemlich egal

...Plätzer Mühle bitten zur Einkehr

ist, denn als ich erst mal sitze, wird mir bewußt, wie sehr mir der bisherige Streckenverlauf in die Beine gegangen ist. Die Rast in der Gaststätte, in der ich der einzige Gast bin, kommt gerade zum rechten Zeitpunkt. Und beim frisch aufgebrühten Kaffee schmeckt mir meine Zigarette nochmal so gut. Und ein Blick auf meine Karte, die ich auf dem Tisch ausgebreitet habe, zeigt mir, daß ich doch schon ein großes Stück der heutigen Radtour hinter mich gebracht habe – auch wenn noch einige Höhenmeter zwischen mir und dem Endziel in Nastätten liegen. Allerdings bereue ich, daß Holzhausen nicht am direkten Streckenverlauf liegt. Denn schließlich war hier Nikolaus August Otto zu Hause, der 1832 in der heutigen 1000 Seelen starken Gemeinde das Licht der Welt erblickte. Der Tüftler und Ingenieur erfand den Viertaktmotor und trug damit maßgeblich zum Siegeszug des Automobils bei. In seinem Geburtshaus, einer ehemaligen Poststation, die an der Kreuzung der Bundesstraße 260 und 274 liegt, ist heute ein Museum untergebracht. Aber nun gut, dann werde ich mir die Geburtsstätte dieses deutschen Daniel Düsentrieb halt für eine andere Tour vormerken.

Hier war deutscher Forschergeist beheimatet

TOUR 9 Miehlen

Ausgeruht schwinge ich mich wieder auf mein Rad und gehe den Anstieg nach Obertiefenbach an, das auf einer Höhe von 320 Metern über Null vor mir liegt. Steil führt die Straße von der Plätzer Mühle in die 300-Seelen-Gemeinde hinauf. Was bedeutet, daß ich in den Pedalen stehe, aber auch den Vorteil hat, daß ich die Gelegenheit habe, auf das Tal mit seinen grünen, bewaldeten Hügeln zurückzuschauen. Ein Anblick, der mich an die Märchen der Brüder Grimm erinnert. Solche Täler und Wälder müssen die beiden Geschichtenerzähler vor Augen gehabt haben, als sie Hänsel und Gretel sich im tiefen Wald verirren ließen oder einen Räuber Hotzenplotz auf Raubzüge schickten. Dazu paßt dann auch der Zwiebelturm der evangelichen Kirche in Obertiefenbach, der sich in den blauen Himmel streckt.

Landschaften wie sie sonst nur in Märchenbüchern zu finden sind

Über die Straßen *An der Kirche* und *In der Vorstadt*, die nochmals starke Steigungen aufweisen, durchquere ich die Gemeinde „oberhalb des tiefen Baches" und folge der Ausschilderung nach Bettendorf. Das blaue Rad auf weißem Hintergrund, die Kennzeichnung des R7, gibt den Weg vor. Und der führt wieder einmal hinab. Zwölf Prozent Gefälle sorgen dafür, daß ich so richtig in Fahrt komme und am Ortsschild von Bettendorf, das den Ort mit dem Gründungsjahr 1163 angibt, fast vorbeirausche.

Bettendorf, das 270 Einwohner zählt, überrascht mich durch einen Friedhof, der sich offen, ohne Ummauerung direkt an der Hauptverkehrsstraße befindet, die den Ort durchzieht. In den USA habe ich dies oft gesehen – aber hier in Deutschland?

Doch, was von weitem noch wie ein kleiner Friedhof aussieht, entpuppt sich beim Näherkommen als Geologisches Museum, dessen Steine hier unter freiem Himmel mehr oder weniger in Reih und Glied stehen. Millionen Jahre altes Gestein ist hier zu bestaunen, das dem Besucher einen Eindruck von der geologischen Vielfalt des Bettendorfer Raumes vermittelt. Die Lore am Eingang des kleinen Museums läßt schon erkennen, daß in dieser Gegend einmal Bergbau betrieben worden sein muß. Und in der Tat befanden sich in unmittelbarer Nähe des Ortes vier Eisenerzgruben, die im Tagebau betrieben wurden. In mühevoller Arbeit wurde das Brauneisengestein abgebaut und mittels Ochsenkarren bis nach St. Goarshausen transportiert, wo es auf Schiffe weiterverladen wurde. Doch bedingt durch die sich ungünstig entwickelnde Lage auf dem Eisenerzmarkt des ausgehenden 19. Jahrhunderts und den verhältnismäßig geringen Eisengehalt des Bettendorfer Abbaus, kam der Tagebau zum Erliegen.

Auch im Wappen der Gemeinde Bettendorf, das an dem alten Fachwerkgebäude *Am Bornkippel 1* angebracht ist, in dem sich heute das Gemeindehaus befindet, wird an diese alte Tradition erinnert: neben zwei Weizenähren führt es auch Schlägel und Eisen im Schilde.

Bettendorf – eine kleine Gemeinde mit großer Geschichte

TOUR 9 Miehlen

Über Goarshausen Eisenerz für die Welt

Über den R7 verlasse ich die kleine Gemeinde und setze meinen sanft-hügeligen Weg nach Miehlen fort. Von der Hochebene ergeben sich immer wieder schöne Aussichten über saftig grüne Wiesen und die dichten Wälder, die diesen Streckenabschnitt begleiten. Und ehe ich mich versehe, taucht auch schon das Ortsschild von Miehlen auf. Ich folge der *Aftholderbacherstraße* nach rechts und erreiche über die *Bahnhofstraße* und den *Burgweg* das Zentrum der Gemeinde im romantischen Mühlbachtal.

Direkt gegenüber der Gemeindebücherei, die sich in der *Hauptstraße 60* befindet, und nur durch den Mühlbach von mir getrennt ist, greife ich in die Bremsen. Da ist es also, jenes Haus, das Miehlen weit über seine Grenzen hinaus bekannt gemacht hat. In diesem kleinen, schnuckeligen Fachwerkgebäude, das sich an den roten Backsteingiebel des danebenstehenden Hauses anschmiegt, wurde der berühmte „Räuberhauptmann Schinderhannes" geboren. Jene schillernde Gestalt des ausgehenden 18. Jahrhunderts, die auch heute noch die Menschen bewegt, obwohl dieser finstere Geselle bei weitem nicht zu den Schlimmsten gehörte, die raubend und mordend über die Dörfer zogen. Dennoch ist das große Interesse an seiner Person niemals abgerissen – schon zu seiner Hinrichtung in Mainz war der Zuschauerandrang so groß, daß entgegen der üblichen Gewohnheit die Guillotine außerhalb der Stadt auf einem Hügel aufgebaut wurde, um möglichst vielen die Gelegenheit zu geben, diesem Spektakel beiwohnen zu können. Zu Tausenden waren sie aus dem weiten Umland, von Frankfurt und Koblenz kommend, angereist.

Dabei war das Schicksal des Johannes Bückler – wie er mit bürgerlichem Namen hieß – bei seiner Geburt kaum abzusehen. Eigentlich aus gutem Hause stammend – der Vater betrieb einen kleinen Hof und das Handwerk des Schindelns – veränderte ein Ereignis schlagartig sein Leben: 1785 wurde das Haus der Familie Bückler von den Behörden konfisziert und verstei-

**TOUR 9
Miehlen**

*Miehlen: die
Heimat des
Räuberhaupt-
manns Schinder-
hannes*

Das Alte Rathaus in Miehlen

gert, da die Familie des Wäschediebstahls bezichtigt wurde, die zur Bleiche auslag. Ein für uns heute drakonisches Urteil – aber nach damaliger Rechtsprechung wohl eher angemessen. Schließlich konnten derartige Vergehen auch mit dem Todesurteil geahndet werden.

Erst danach begann das unstete Wanderleben des Schinderhannes, in dessen Verlauf er sich trotz seiner noch jungen Jahre an die Spitze einer Räuberbande setzte. In diesem Zusammenhang sollte auch einmal mit der gängigen Annahme aufgeräumt werden, daß es sich bei dieser Person um eine Art deutschen Robin

Vom Wäschediebstahl bis zum Mord – aber keinesfalls ein deutscher Robin Hood

Hood handelte; ganz im Gegenteil hatte dieser Straßenräuber mit den Armen und Waisen überhaupt nichts im Sinn.

Und so kam es, wie es kommen mußte: am 21. November 1803, an einem kalten und nebeligen Herbsttag, der die Zuschauer frösteln ließ, steckte man seinen Kopf unter das Fallbeil. Tja, so geht es Bösewichten! Wer mehr über den Schinderhannes und seine Zeit erfahren möchte, kann dies in der Gemeindebücherei tun, die dienstags von 16-18h und freitags von 17-19h ihre Türen offen hält.

Aber Miehlen, das bereits 1132 als „Milene" urkundlich erwähnt wird, hat einiges mehr zu bieten als diese Schauergeschichten. Schließlich war das fruchtbare Miehlener Becken, wie prähistorische Werkzeugfunde aus der Steinzeit belegen, schon 3000 vor Christi besiedelt. Einen ersten Aufschwung erfuhr der Ort allerdings erst im 13. Jahrhundert, als die Zisterzienser in Aftholderbach ein Kloster gründeten. Und seit 1475 kann Miehlen bereits die Marktrechte vorweisen, was übrigens noch jedes Jahr am zweiten Oktoberwochenende mit dem Oktobermarkt festlich begangen wird. Dann sollte man auch einen Blick auf das äußerst sehenswerte Alte Rathaus werfen, dessen Turm, der in den Jahren 1867/68 erbaut wurde, mit seinen 32 Metern sogar den Kirchturm überragt.

Für mich heißt es nun aber aufzubrechen, so sehr mich diese Geschichten auch in ihren Bann gezogen haben.

Etappe: Hauptstraße in entgegengesetzter Fließrichtung des Mühlbaches folgen - nächste Brücke überqueren - *Langgasse* bis Ende, scharf links dem Hinweisschild R5 folgen - am Steinbruch vorbei nach Nastätten hinein.

(Informationen zu Nastätten: Tour 10 und 11) Hier lasse ich meine Tour ausklingen, die mich durch eine abwechslungsreiche Landschaft vom hinteren in den westlichen Taunus geführt hat.

**TOUR 9
Miehlen**

VOM BLAUEN LÄNDCHEN ZU GRÜNEN GIPFELN

Ein Rundkurs durch das Blaue Ländchen und das Nassauer Land

Strecke: Nastätten - Miehlen - Pohl - Singhofen - Augustiner Mühle - Nassau - Dienethal - Schweighausen - Dessighofen - Niederbachheim - Ehr - Marienfels - Miehlen - Nastätten.

Länge: Insgesamt 34 Kilometer.

Streckenbeschaffenheit: steile Anstiege, teils asphaltiert, teils Schotterbelag, sowohl entlang der Straße als auch auf landwirtschaftlichen Wegen und durch Wald.

Karte: Deutsche Radtourenkarten 30 und 31, Haupka-Verlag, Bad Soden/Taunus.

Nahverkehr: Busverbindungen zwischen den einzelnen Ortschaften.

**TOUR 10
Marienfels**

*M*eine heutige Radtour führt mich über die Höhenzüge des Taunus, über weite Felder und zu verwinkelten Dörfern. Mein Ausgangspunkt ist Nastätten im sogenannten „Blauen Ländchen". Berühmt wurde diese Gegend durch den Erfinder des Otto-Motors, Nikolaus August Otto, der unweit von Nastätten in Holzhausen geboren wurde. Ich jedoch starte heute ohne Motor und ohne Otto, aber dafür mit meinem neuen Mountainbike.

Etappe: Nastätten - Miehlen.

Vom alten Bahnhof aus fahre ich über die *Bahnhofstraße*, am Parkplatz vorbei, bis zur nächsten Kreuzung. Nach dem Mini-Anstieg fahre ich links in die *Römerstraße,* die dann in die *Paul-Spindler-Straße* mündet. Die Straße führt in einer leichten Abfahrt durch den Ort. Ich folge ihr, bis ich geradeaus auf die Landesstraße L 335 treffe. Hier fahre ich ein kurzes Stück rechts (ca. 500 m). An einem Verkehrsschild mit der Geschwindigkeitsbegrenzung 70 km fahre ich links in den landwirtschaftlichen Weg hinein. Beim Überqueren der Straße unbedingt aufpassen und vorsichtig sein! Jetzt geht es abseits vom Autoverkehr weiter auf dem teils asphaltierten, teils schotterigen Weg Richtung Miehlen, der mich durch Felder und Wiesen führt. Die Radwegemarkierungen R5 /R6 auf einem weißen Schild mit blauem Rad bzw. weißes Rechteck mit blauen Pfeilen helfen mir bei meiner Orientierung und führen mich nach Miehlen. Ich treffe auf einen zweiten landwirtschaftlichen Verbindungsweg zur Landstraße und folge hier den Schildern nach links. Jetzt gilt es aufzupassen, denn auf der rechten Seite ist an einem Laternenpfahl sehr unübersichtlich, von Sträuchern verdeckt, ein Radwegezeichen angebracht, das es zu beachten gilt. Das Zeichen auf weißem Untergrund, blauem Rechteck und mit schwarzen Pfeilen weist nach rechts in eine asphaltierte Straße. Hier stehen auch die ersten Häuser von Miehlen. Also: Am ersten Haus mit Laternenpfahl nach rechts und nicht den Schotterweg geradeaus. Ich fahre in den Ort in die *Färberstraße* und folge weiterhin den weiß-blauen Radwegezeichen, die sich an Laternenpfählen befinden und mir den Weg durch den Ort weisen.

Beim Namen *Färberstraße* kommt mir in den Sinn, daß das Färberhandwerk in den vergangenen Jahrhunderten in dieser Gegend eine große Tradition hatte. Sogar der Name der Region - „Blaues Ländchen" - stammt von der Berufsbezeichnung der Blaufärber her. Diese nutzten die Färberwaid, eine Pflanze, die früher hier angebaut wurde, zum Blaufärben von Leinenstoffen. Besonders ausgeprägt war dieses Gewerbe entlang des Mühlbaches, wo die sogenannten Blaufärber zu Hause waren. Die

**TOUR 10
Marienfels**

Das „Blaue Ländchen" ist nach der Färberwaid benannt, die man zum Färben der Leinenstoffe nutzte

hier gebläuten Leinenstoffe waren seinerzeit so begehrt, daß sie in ganz Europa nachgefragt wurden. Erst mit der Einführung des synthetisch hergestellten Indanthren kam dieses traditionsreiche Handwerk zum Erliegen. Ich frage mich, ob sich daraus auch die Redewendungen „ins Blaue fahren" und „blau machen" herleiten. In Nastätten befindet sich das Heimatmuseum „Leben und Arbeiten", das Aufschluß über die Arbeits-, Lebens- und Wohnkultur der Blaufärber gibt.

Das Heimatmuseum in Nastätten gibt über die Blaufärber Auskunft

Durch zwei, drei Kurven geht es auf eine T-Gabelung zu. Hier fahre ich nach rechts und nach einer Linkskurve bin ich am Bach in der *Hauptstraße*. Diese führt uns vorbei am Haus des berühmten Schinderhannes. In diesem kleinen braun-weißen Fachwerkhaus wurde 1783 der legendäre Räuberhauptmann Schinderhannes – eigentlich Johann Bückler – geboren. Im Alter von nur 20 Jahren wurde der Schinderhannes, der vor allem die gegenüberliegende Rheinseite mit seinen Untaten unsicher machte, zusammen mit 20 Komplizen enthauptet. Die Zahl Zwanzig, so kann man wohl behaupten, war seine Glückszahl nicht. Und auch daß sein Geburtshaus in der *Hauptstraße* liegt, scheint ein weiteres böses Omen für sein Schicksal gewesen zu sein. Aber vielleicht hieß die Straße ja früher anders und jemand aus der Gemeindeverwaltung hat sich bei der Namensgebung nachträglich einen makaberen Scherz erlaubt...

TOUR 10 Marienfels

Etappe: rechts über eine kleine Brücke und links die Hauptstraße entlang - weiter in Richtung Hunzel - Sportplatz - rechts dem Schild „Feriengebiet Hauserbach" folgen - Radwegezeichen R5/R6/R - Pohl - am Ortseingang links halten - auf befestigtem Weg am Waldrand entlang bis zum Rechtsknick - hier links ab auf den Forstweg, der parallel zur Bundesstraße verläuft - Landesstraße L323 überqueren, weiter über Forstweg und Feldweg in Richtung Singhofen.

An der Ortseinfahrt in Singhofen sehe ich links - ja was? Etwa ein Relikt aus der Zeit Don Quixotes? Denn silberfarben reckt ein Windrad seine mächtigen Flügel in den Himmel und macht mich neugierig. Das vor mir aufragende stählerne Ungetüm ist ganz schön groß und schaut hochmütig auf mich herab. Für heute scheint es seine Tätigkeit eingestellt oder zumindest eine Ruhepause eingelegt zu haben. Jedenfalls dreht sich bei ihm nichts. Das Rad ist von 1907, na ja, da kann man sich schon mal ein Päuschen genehmigen. Gott sei Dank ist mein Mountainbike 92 Jahre jünger und zeigt noch keine Ermüdungserscheinungen. Die sollen sich bei mir jedoch später noch einstellen.

Etappe: Bundesstraße durch Singhofen hindurch - Verteilerkreis - Richtung Nassau - Feldweg parallel zur Bundesstraße - Abzweig mit dem Zeichen S8 - Starenkasten dahinter rechts in Feldweg - durch den Wald und durch Felder Richtung Nassau - Lahntalradwanderweg.

Der Lahntalradwanderweg, dem ich jetzt folge (siehe auch Tour 3) mündet in Nassau auf eine Straßenkreuzung.

Ich überquere die Kreuzung (Vorsicht!), dem Schild Dienethal, 2 km, folgend, und fahre nach Scheuern hinab. Ich bleibe auf der Vorfahrtsstraße und biege etwa 200 Meter nach Ortsausgang rechts ab nach Dienethal, folge der wenig befahrenen Straße K6 rund 2 Kilometer weiter nach Sulzbach. Von hier ab führt die Kreisstraße etwa 2,5 km steil bergauf Richtung Becheln, – glücklicherweise durch bewaldetes Gebiet, so daß mir der schweißtreibende Anstieg ein bißchen leichter fällt. Aber ums Schieben komme ich doch nicht herum (auf Autoverkehr achten!). Endlich erreiche ich nach einer Rechtskurve das Ende dieses mühsamen Anstiegs und biege nach links ab in einen Waldweg, den „Limesweg" (siehe Limesturm auf kleinem weißem Schild am Baum und Infotafel). Ich folge dem Kiesweg bis zur Einmündung in die parallel verlaufende Kreisstraße K8,

Wer nach Schweighausen will, muß kräftig in die Pedale treten

1	*Nastätten*
2	*Miehlen*
3	*Singhofen*
4	*Nassau*
5	*Schweighausen*
6	*Niederbachheim*
7	*Marienfels*

Blumengeschmückte Fachwerkhäuser säumen den Weg

**TOUR 10
Marienfels**

*Grüne Höhen
und
goldgelbe
Felder*

in die ich nach links einbiege. Über eine kurze rasante Abfahrt verlasse ich den Wald und gelange oberhalb von Schweighausen an eine Kreuzung, wo die K8 auf die Landstraße L 332 (Schweighausen - Nassau) trifft.

Im wahrsten Sinne des Wortes bin ich nun auf der Höhe. Ein Blick auf die umliegenden Höhenzüge eröffnet sich mir, auf freie Felder, frisch geerntete große Rollen von Heuballen und einen freistehenden einsamen Baum mit Bank. Diesen idyllischen Platz begrüße ich nach den letzten Anstrengungen mit großer Freude und lege im Schatten des Baumes auf der Bank eine Ruhepause ein. Fast bin ich geneigt, bei diesem so romantischen Platz an Romeo und Julia zu denken. Jedenfalls ist dieser Ort genial für ein Liebespaar, zumal in der Dämmerung oder des Nachts. Denn dann hat man in sternenklarer Nacht bestimmt einen tollen Blick auf die Gestirne unserer Milchstraße. Diese jedoch sehe ich zur Zeit nicht. Dafür aber die ungleich nähere Landesstraße L 332, deren Autoverkehr in meinem Rücken nicht zu überhören ist. Aber mit ein bißchen Phantasie, den Blick abgewandt zu den weiten grünen Höhen und den goldgelben Feldern, fühlt man sich ruckzuck um 100 Jahre zurückversetzt. Wieviel einsame Wanderer oder von der Feldarbeit ermattete Knechte mögen sich hier ausgeruht haben? Wieviel geheime nächtliche Treffen verliebter junger Paare haben sich hier wohl im Laufe der letzten hundert Jahre vollzogen?

Von solchen Träumereien beschwingt und leidlich erholt fahre ich die Höhe hinab bis zur Kreuzung und folge den Schildern Dessighofen/Schweighausen nach links.

In Schweighausen scheint der Name Programm. Ruhig ist es hier, aber viele schöne bunte, liebevoll restaurierte und blumengeschmückte Fachwerkhäuser säumen meinen Weg. Alles ist sauber und herausgeputzt, wie im Sonntagsstaat. Ich radele frohgemut weiter. Denn Dessighofen, das sich selbst das „Dorf zum letzten Hahnenschrei" nennt, erreiche ich über eine sehr angenehme Abfahrt. Auch hier ist alles ländlich und gesittet, ein Hahn begrüßt mich aber weder, noch verabschiedet er mich.

Liebevoll restaurierte und blumengeschmückte Fachwerkhäuser säumen den Weg durch Schweighausen

Etappe: In Dessighofen rechts an einer Gaststätte und Bushaltestelle vorbei - rechts über eine Brücke - Richtung Niederbachheim -Landesstraße 335 Richtung Niederbachheim überqueren - an abknickenden Vorfahrten vorbei in die *Lindenstraße* - asphaltierter landwirtschaftlicher Weg Richtung Ehr.

**TOUR 10
Marienfels**

Auf dem ausgeschilderten Radweg R 6 komme ich schon ziemlich erschöpft nach Ehr hinein. Im Ort geht es etwas bergauf, ein wenig Kopfsteinpflaster rüttelt mich durch, bis ich ein Schild entdecke: „Marienfels 2 km" nach links. Auf einer engen, schmalen, wenig befahrenen Straße geht es jetzt bergab, auch wieder an Wiesen und Feldern vorbei. Ich treffe auf die L 335 nach Marienfels und fahre hier rechts.

Von weitem grüßt die gotische Kirche von Marienfels herüber, die älteste im Nassauer Land. Linker Hand, etwa 200 m vor dem Ortseingang, steht ein Mineralbrunnen aus der Römerzeit. Das Dorf im Mühlbachtal hat eine römische Vergangenheit.

Auf den Spuren römischer Geschichte in Marienfels

Hier befand sich ein Kastell und Badeanlagen. Zur Zeit der Karolinger existierte in Marienfels gar eine Gerichtsstätte. Nach einer Gerichtsstätte ist mir heute nicht zumute. So ausgepumpt, wie ich heute bin, freue ich mich auf ein Bad in meinem angenehmen Hotelzimmer in Nastätten.

Ich folge der Hauptstraße Richtung Miehlen. Etwa 300 bis 400 m nach dem Ortsausgang biege ich links in einen Wiesenweg ein, der in einen Schotterweg übergeht, nachdem ich auf einer schmalen Holzbrücke den Mühlbach überquert habe.

Etappe: Vor dem Kinderspielplatz rechts ab auf die Landesstraße L323 - in Miehlen rechts über die Brücke und links in die Hauptstraße rechts des Mühlbachs - *Langgasse* bis zum Ende, dann scharf links - Hinweisschild R5 folgen, entlang des Neubaugebiets parallel zur L335 - am Steinbruch vorbei nach Nastätten.

Am Abend möchte ich mich für meine erbrachten Leistungen in einem der vielen guten Gasthöfe in Nastätten mit schmackhaften typisch regionalen Spezialitäten verwöhnen. Als ich die Speisekarte aufschlage, läuft mir das Wasser im Munde zusammen. Was lese ich da leckeres: Gefüllter Spanferkelrücken in Wirsingwickel, Taunuszander in der Kartoffelkruste mit Sauce Hollandaise, Marinierte Hähnchenbrustfilets in Rum auf Apfelspalten geschmort, Wildschweinroulade mit Backpflaumen gefüllt oder Kartäuserklöße in Vanille oder Weinsauce. Dazu ein gehaltvoller Wein oder ein kühles Bier. Am liebsten würde ich jedes Gericht auf der Karte probieren, aber selbst bei meinem großen Hunger wäre dies ein aussichtsloses Unterfangen.

Apropos Kartäuserklöße – was sagen Sie, die kennen Sie nicht? Kannte ich auch nicht, bevor ich die leckere und herzhafte Taunusküche kennengelernt habe. Daher mein Rat: Hinfahren, bestellen und probieren. Sie werden sehen, es lohnt sich.

**TOUR 10
Marienfels**

*Und abends
warten
einheimische
Spezialitäten
auf den Gast*

VON FÄRBERN UND SCHIEFER

Durch das Blaue Ländchen hinab zum Rhein

Strecke: Nastätten - Münchenroth - Diethardt - Weidenbach - Kloster Schönau - Strüth - Welterod - Lipporn - Rettershain - Weisel - Tiefenbach-Tal - Sauerthal - Kaub - St. Goarshausen.

Länge: Insgesamt 46 Kilometer.

Streckenbeschaffenheit: zahlreiche Anstiege, darunter viele steile. Die Tour ist daher nur für sportlich ambitionierte Radler geeignet; ein geländegängiges Fahrrad ist erforderlich.

Karte: Deutsche Radtourenkarte 30, Haupka-Verlag, Bad Soden/Taunus.

Nahverkehr: Busverbindungen: Regiolinie 3800 DB verkehrt zwischen Kaub und St. Goarshausen.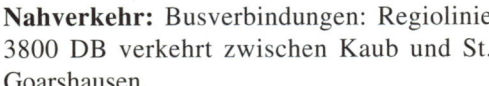

D a ist es: Ich bin die *Schwalbacher Straße* hinaufgeklettert und dann links in die *Schulstraße* eingebogen – der große Platz, über den ich nun radele, wird linkerhand von dem Gebäude begrenzt, in dem sich das „Museum im Blauen Ländchen" befindet. „Leben und Arbeiten" verkündet das Transparent über dem Eingang, und genau das ist das Thema: Auf vier Stockwerken ermöglicht das 1983 eröffnete Museum einen weiten geschichtlichen Rückblick in das Leben und Arbeiten der Bevölkerung im „Blauen Ländchen". Die zahlreichen Exponate und Bilddokumente sind mit viel Liebe zum Detail arrangiert, es ist eine Ausstellung fürs Auge und das Gefühl. Gleich drei Highlights birgt der Keller: eine enorme Sammlung historischen Kinderspielzeugs, eine typi-

TOUR 11
Nastätten

Das Heimatmuseum in Nastätten

Das Schulzimmer im Museum „Blaues Ländchen"

sche Dorfkneipe und ein altes Dorfschulzimmer – unbedingt ansehen!

Hier im Museum wird auch deutlich, warum die Region der heutigen Verbandsgemeinde Nastätten das „Blaue Ländchen" genannt wird. Früher wurde in dieser Gegend die Pflanze „Färberwaid" angebaut, die zum Blaufärben von Leinenstoffen diente. Mit dem Wasser des Mühlbaches färbten einst die Blaufärber die Leinenstücke. Die Stoffe wurden dann in viele europäische Länder exportiert.

TOUR 11
Nastätten

Öffnungszeiten:
dienstags bis
donnerstags von
9.30 bis 11.30 Uhr
und
13.30 bis 17 Uhr

Das Museum ist dienstags bis donnerstags von 9.30 bis 11.30 Uhr und sonntags von 13.30 bis 17 Uhr geöffnet. Jedenfalls sind das die garantierten Öffnungszeiten. In der Regel jedoch gewährt das Museum auch darüber hinaus Einlaß: Die einzige Festangestellte des ansonsten gänzlich von ehrenamtlichen Helfern betreuten Museums hält sich normalerweise täglich bis 17 Uhr im Eingangsbereich auf und läßt Besucher gern hinein. Der Eintritt beträgt 3,- DM für Erwachsene und 1,50 DM für Kinder.

Etappe: rechts *Schwalbacher Straße* wieder hinunter und geradeaus weiter in die *Rheingau-*

straße - am Hinweisschild Bettendorf nach links in die *Römerstraße* - dann links der *Rheinstraße* folgen - an der Kreuzung hinter dem Bach links in die Straße *Brückwiese* - nach ein paar hundert Metern rechts der Straße die Kleinbahnlok.

Nastätten, heute eine Stadt mit rund 4.250 Einwohnern und Verwaltungszentrum der 32 Ortsgemeinden umfassenden Verbandsgemeinde, besaß schon seit frühesten Zeiten eine überörtliche Bedeutung. So wurde die Stadt auch Anfang dieses Jahrhunderts zentraler Angelpunkt der Nassauischen Kleinbahn, mit der die Region eine wichtige wirtschaftliche Anbindung an Rhein und Lahn erhielt. Gleich drei Strecken gingen von Nastätten aus: von hier fuhr die Bahn bis Braubach, Zollhaus und St. Goarshausen. Mitte der fünfziger Jahre wurden die Strecken stillgelegt. Übriggeblieben aus dieser Zeit sind in Nastätten noch das alte Bahnhofsgebäude am oberen Ende der *Bahnhofsstraße* und eben diese grüne Kleinbahnlok, vor der ich jetzt stehe.

Etappe: weiter auf L335 aus Nastätten hinaus Richtung Diethardt (5 km) - kurz darauf links ab in Straße *Funkenmühle* - geradeaus bis zu einer Schranke, dort rechts auf geteertem Weg geradeaus weiter - am schön gelegenen und interessant gestalteten Waldschwimmbad vorbei - kurz darauf auf der anderen Bachseite das Tanzcafe Rumpelkammer (mit Trabbi auf dem Vordach), davor ein für diese Gegend typischer Sauerbrunnen - noch vor dem Feriendorf an erster Abzweigung rechts ab auf befestigten Weg.

TOUR 11
Nastätten

Jetzt geht es in die Natur - und zwar heftig! Zunächst durchquere ich gemütlich ein wunderschönes Wiesental, doch ab der Baumreihe am anderen Ende der Wiese sind Kletterqualitäten gefragt. Links führt ein schwer holpriger Weg, dessen Belag zeitweise nur aus Gras besteht, entlang der Bäume hinauf zur Kuppe.

Ab in die Natur!

Eine echte Rad-Querfeldein-Meisterschaft. Oben treffe ich auf die Straße, die rechts nach Münchenroth hinein verläuft. Ich sause hinab in das Dorf und dann gleich links weiter Richtung Zorn. Am Ortausgang von Münchenroth ist die rasante Abfahrt jedoch schon wieder beendet: rechts ab dem Hinweisschild R8 auf einem geteerten land- und forstwirtschaftlichen Weg folgen!

Etappe: stramm bergan Richtung Diethardt - an der Straße auf der Kuppe rechts weiter nach Diethardt hinein (am Ortseingang eine Barockkirche von 1738) - unten an der Kreuzung links weiter die *Bergstraße* lang Richtung Weidenbach (steiler Anstieg!) - am Ortsausgang geradeaus auf R8 weiter - Abfahrt nach Weidenbach hinein, dem R8-Schild nach - in Weidenbach an der Kreuzung geradeaus der *Klosterstraße* folgen - erneut steiler Anstieg bis zum Waldrand, dort links - an der Straße rechts weiter (R8-Hinweis) - an der nächsten Kreuzung rechts Richtung Strüth (2 km).

Über steile Anstiege geht es nach Diethardt und Weidenbach

Während ich mein Rad nun rollen lassen kann, entdecke ich links der Straße unten im Tal schon die mächtigen Gebäude des Klosters Schönau. Das Kloster wurde als Benediktiner-Kloster im 12. Jahrhundert gegründet, hier lebte als Ordensfrau die Seherin Elisabeth, die in dieser Gegend als Heilige verehrt wird. Das alte Kloster brannte 1723 vollständig ab, die heute zu sehenden, im barocken Stil errichteten Gebäude stammen aus den Jahren 1724 bis 1732. Die Klosterkirche St. Florin besticht durch ihre beeindruckende Barockausstattung und durch die Reliquie, die in einem Seitenaltar aufbewahrt wird - es handelt sich um den Schädel der heiligen Elisabeth.

**TOUR 11
Nastätten**

Das Kloster Schönau – hier lebte die Seherin Elisabeth

Etappe: vom Kloster links weiter auf der *Schwalbacher Straße* hinein nach Strüth - an Kreuzung links auf *Wisperstraße* Richtung Welterod - in Ortsmitte Welterod (klassizistische Pfarrkirche von 1848) rechts auf *Lipporner*

Das Kloster Schönau

Straße Richtung Lipporn - kurz vor Lipporn
an Kreuzung links weiter - ein paar Meter darauf links auf Feldweg, der direkt hinab zur Kirche führt.

Auf Lipporn läßt sich die Weisheit „Man
solle die Kirche doch im Dorf stehen lassen"
nicht anwenden: die wuchtige, im Jahre 1752
errichtete Kirche steht merkwürdigerweise ganz
am Ortsrand, ja fast getrennt vom Dorf. Der
Architekt dieses Gebäudes scheint ein ganz ei-
genes Verständnis von Proportionen gehabt zu
haben, denn in Bezug auf die beachtliche Höhe
scheint mir das Kirchenschiff doch ein wenig
zu kurz geraten... Übrigens erfolgte die ur-
sprüngliche Gründung des heutigen Klosters
Schönau in Lipporn; erst später wurde es an
seinen heutigen Standort verlegt!

Etappe: von der Kirche aus über den *Kirchweg*
links nach Lipporn hinein - vom *Kirchweg* links
auf der Hauptstraße geradeaus durch das Dorf
- am Ortsausgang Richtung Oberwallmenach
(L 333) weiter - durch den Wald und an der
großen Kreuzung links ab Richtung Rettershain
- in Rettershain an Kreuzung weiter Richtung

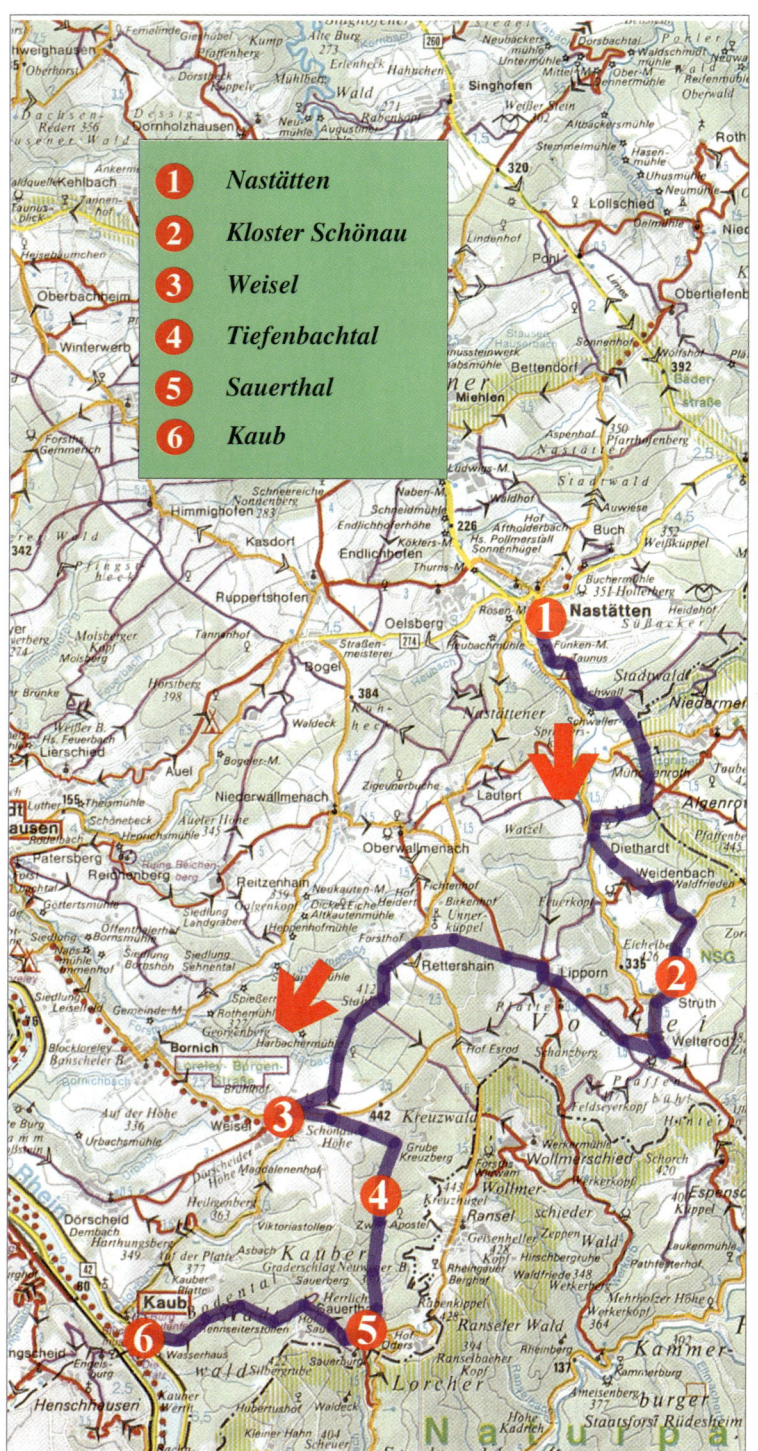

1 **Nastätten**

2 **Kloster Schönau**

3 **Weisel**

4 **Tiefenbachtal**

5 **Sauerthal**

6 **Kaub**

Weisel - Hauptstraße folgen, am Ortsausgang dann geradeaus auf den ausgeschilderten Weg R4 - am Waldrand links und dann im Wald auf befestigtem Weg der Beschilderung R4 folgen (zu Beginn und am Ende des Waldes ist der R4 durch Schranken geschlossen, die jedoch für Radfahrer zu Fuß passierbar sind) - am Waldausgang Anstieg auf bitumigen Weg nach Weisel - vom *Kräfter Weg* links ab auf *Neupforter Straße* (s. Beschreibung von Weisel in Tour 14) - anschließend *Neupforter Straße* wieder hinauf - weiter geradeaus Richtung Lipporn, dann hinter großen Bauernhof „Kreuzhöherhof" rechts ab von der L339 auf geteerten Weg - Abfahrt durch den Wald ins Tiefenbach-Tal.

Zunächst bin ich reichlich perplex, als ich unten im grünen Tal auf wuchtige, verlassene Industriebauten treffe. Doch dann, als ich ein paar Meter dem befestigten Weg nach rechts gefolgt bin und in eine langgestreckte Abraumhalde blicke, fällt es mir ein: Schieferbergbau! Bei Weisel wurde er bis in die achtziger Jahre hinein betrieben – jetzt allerdings zeugen von dieser einst so bedeutenden Industrie nur noch stillgelegte Bergwerke und Steinbrüche. Ich nehme einen Schieferstein in die Hand – er ist von hinreißend blauer Farbe! Eine riesige blaue Schiefergrube erstreckt sich vor mir, und sogar der Weg ist davon blau eingefärbt. Ein blaues Ländchen in ganz anderem Sinne...

Bei Weisel wurde lange Zeit der Schieferbergbau betrieben

TOUR 11
Nastätten

Ich lasse das stillgelegte Bergwerk „Kreuzberg" nun hinter mir. Da, wo der befestigte Weg stark ansteigt, fahre ich rechts ab auf einen holprigen kleinen Weg, der schräg hinunter vorbei an der Abraumhalde führt. Unten am Tiefenbach glücklich angekommen, stoße ich auf einen phasenweise bitumigen Weg, auf den ich nach links abbiege. Eine lange Fahrt durch das wilde, verwachsene Tal auf unbefestigten (!) Waldwegen folgt; zwischendurch begegnen mir die zerfallenen Gebäude der Grube Glückauf und, immer wieder, der hinreißende blaue Schiefer. Als ich schon daran zweifele, jemals

Durch wilde, verwachsene Täler

wieder in die Zivilisation zurückzukehren, tauchen dann doch noch ein paar Häuser auf – Sauerthal ist erreicht!

Die *Tiefenbachstraße* führt in den Ort hinein. Hoch über dem Dorf entdecke ich auf einem Berg die Mitte des 14. Jahrhunderts erbaute Sauerburg. Sie wurde 1689 zerstört, inzwischen jedoch weitestgehend rekonstruiert. Die Burg befindet sich heute in Privatbesitz und ist daher nicht zugänglich. Ich bestaune die sehr hübschen Fachwerkhäuser in der *Tiefenbachstraße* und verpasse darüber beinahe die Naturgegebenheit, die dem Ort und der Gegend seinen Namen gab: Rechts der Straße findet sich ein Brunnen, der von einer säurehaltigen Quelle gespeist wird – ein Sauerbrunnen eben, in Sauerthal.

Der letzte Reichsgraf starb verarmt im Elend

Hier, in diesem inmitten waldreicher Schluchten gelegenen Dorf hat Franz von Sickingen, letzter Reichsgraf des berühmten Rittergeschlechts von Sickingen, seine Ruhestätte auf dem hiesigen Friedhof gefunden. Er starb im Jahre 1834, und auf seinem Grabstein ist zu lesen: „Franz von Sickingen, Reichsgraf seines Standes der Letzte. Er starb im Elend." Tja, auch bei Ritters gibt es mal Probleme...

**TOUR 11
Nastätten**

Etappe: an der Kreuzung vor der Kirche rechts ab die *Burgstraße* hinauf (sehr steiler Anstieg!) - die *Burgstraße* ist Teil der Loreley-Burgen-Straße und führt hinauf zur Sauerburg und nach Kaub - zur Burg geht es dann links ab (Privatweg, versperrt durch Schranke) - oben auf der Kuppe, beim Hof Sauerberg, geradeaus weiter - rasante Abfahrt (Vorsicht!) nach Kaub - dort kommt man in Höhe von Pfalzgrafenstein an, links der Bahnhof - rechts weiter in die *Zollstraße* - kurz darauf durch die Bahnunterführung links zur *Rheinstraße* und rechts zur Fähre (s. Beschreibung von Kaub/Pfalzgrafenstein in Tour 12) - ab Kaub am Rhein entlang an Loreley vorbei (s. Tour 14) bis St. Goarshausen (s. Tour 13).

MARSCHALL VOR- WÄRTS UND DIE DAME, DIE SCHIFFE VERSENKTE

Geschichte und Geschichten zwischen Kaub und Loreley

Strecke: Kaub - Dörscheid - Bornich - Loreley - Forstbachtal oder Bornich - Reichenberg - Patersberg - St. Goarshausen.

Länge: Insgesamt 25 bzw. 29 Kilometer.

Streckenbeschaffenheit: phasenweise steiler Anstieg von Kaub nach Dörscheid und von Reichenberg nach Patersberg; asphaltierte, gut befahrbare Wege bis auf die Strecke durch das Forstbachtal (geländegängiges Rad erforderlich).

Karte: Deutsche Radtourenkarte 30, Haupka-Verlag, Bad Soden/Taunus.

Nahverkehr: Busverbindungen; DB verkehrt zwischen Kaub und St. Goarshausen.

W er kennt sie nicht, die Inselfestung Pfalzgrafenstein, das weithin sichtbare Wahrzeichen von Kaub? Ich stehe an der Anlegestelle der Autofähre, die Kaub mit dem linksrheinischen Ufer verbindet, und betrachte das mächtige steinerne Schiff, das dort mitten im Rhein für immer vor Anker liegt.

TOUR 12 Kaub

Pfalzgrafenstein zählt zu den wenigen Burgen am Rhein, die nie zerstört wurden, und ist daher noch im Originalzustand. Ihre Lage mitten im Strom läßt es schon erahnen: Die Burg diente als Zollstation für die Rheinschiffahrt. Ihr Kern, der gewaltige fünfeckige Turm, wur-

Pfalzgrafenstein – eine Burg mitten im Rhein

de Mitte des 14. Jahrhunderts errichtet, als Kaub zum Kurfürstentum Pfalz gehörte. Die damaligen Herrscher, die Pfalzgrafen, gehörten einem Zweig der Familie der bayerischen Wittelsbacher an, woran bis heute der mit weiß-blauen Rauten versehene kurpfälzische Löwe erinnert, der auf der Südseite von Pfalzgrafenstein an der Befestigungsmauer prangt. In den folgenden Jahrhunderten wurde die Zollstation immer weiter ausgebaut und mit einer Wehrmauer sowie einer Bastion versehen. Erst 1866, als das Herzogtum Nassau, zu dem Kaub nun gehörte, zu Preußen geschlagen wurde, verlor Pfalzgrafenstein seine Funktion als Zollstation, und die Zollbeamten gingen für immer von Bord.

Wie aus Bajuwaren Preußen wurden

Ich gehe jedoch jetzt an Bord - und zwar des kleinen Fährschiffes, das gleich neben der Anlegestelle der Autofähre wartet, um Besucher auf die Insel zu bringen. Das Übersetzen kostet 3 DM pro Erwachsenem (Kinder 1,50 DM), für die Besichtigung von Pfalzgrafenstein und eine kleine Einführung in ihre Geschichte behält die heutige Burgbesatzung 4 DM ein. Ein Besuch Pfalzgrafensteins ist zwischen dem 1. Januar und dem Sonntag vor Ostern sowie vom 1. Oktober bis 30. November von 9-13 Uhr und 15-17 Uhr möglich; ab der Karwoche bis zum 30. September von 9-13 Uhr und 14-18 Uhr. Letzter Einlaß ist jeweils 60 Minuten vor Schließung. Montags und im Dezember bleibt die Burg geschlossen. Die Fähre zur Insel verkehrt halbstündlich.

TOUR 12 Kaub

Pfalzgrafenstein hat allen Stürmen der Zeit getrotzt und befindet sich in einem sehr guten Zustand. Besonders beeindruckt haben mich bei der Begehung der imposante, mit Schiefer gemauerte und innen mit Backsteinen und Lehm ausgebaute Backofen aus dem 17. Jahrhundert, das Verlies, in das die Gefangenen neun Meter tief auf ein Holzfloß (!) hinabgeseilt wurden, und die Toiletten – bis heute gibt es auf der Insel keinen Strom und auch kein WC, und so

Bis heute gibt es noch keinen Strom

Die Burg Pfalzgrafenstein

drängte sich mir beim Betrachten des über dem Rhein schwebenden pfalzgräflichen Plumpsklos der starke Verdacht auf, daß diese auch heute noch in Funktion sind... Und noch ein Tip: Wer ein schönes Souvenir sucht, das an den Besuch der Insel erinnert, sollte sich im Uferwasser einmal nach Muscheln umsehen!

Oberhalb des Eingangstores der Burg ist eine Gedenktafel angebracht, die an eine Zeit erinnert, als Kaub und Pfalzgrafenstein ins Zentrum des Weltgeschehens rückten: In der Silvesternacht 1813/14 überquerten hier die ersten Teile der Schlesischen Armee unter dem

Kommando des preußischen Feldmarschalls Blücher den Rhein, um die Truppen des französischen Kaisers Napoleon aus Deutschland zu vertreiben und die endgültige Niederlage Frankreichs im europäischen Krieg gegen Napoleon einzuleiten. Die Überquerung ging mit Hilfe einer Ponton-Brücke und Fährschiffen vor sich, Pfalzgrafenstein bildete einen Angelpunkt der Brücke. Insgesamt 50.000 Soldaten mit 15.000 Pferden und 182 Geschützen überschritten Silvester und in der Woche danach den Rhein. Gut die Hälfte der Soldaten stellte Rußland, und es waren auch die Russen, die die Ponton-Brücke erbauten. Am linksrheinischen Ufer, gleich neben der Anlegestelle der Autofähre, erinnert ein Denkmal, das eine eiserne Inschriftplatte aus dem Jahre 1853 enthält, an die Rheinüberquerung. Die französischen Soldaten, die sich auf diesem Ufer befanden, haben die übersetzenden preußischen und russischen Soldaten überraschenderweise erst bemerkt, als diese unter Jubelgeschrei an Land gingen - sie haben wohl den Lärm, der mit der Errichtung der Ponton-Brücke und den anderen Aktivitäten verbunden war, für Neujahrsfeierlichkeiten ihrer Gegner gehalten. Oder waren sie etwa silvestertrunken?

Das Ende der napoleonischen Zeit begann bei Kaub am Rhein

**TOUR 12
Kaub**

Zurück von Pfalzgrafenstein radele ich von der Anlegestelle der Fähre links hinüber in die Rheinanlagen, zum imposanten Blücher-Denkmal. Der Feldmarschall zeigt, lässig auf seinen Säbel gestützt, mit der rechten Hand an: Da gehts lang! Blücher, der bei der Rheinüberquerung schon 71 Jahre zählte, galt als volkstümlich und forsch – was wohl auch seinen Spitznamen „Marschall Vorwärts" erklärt. Das Denkmal wurde am 18. Juni 1894 eingeweiht, fast 80 Jahre nach der Schlacht bei Waterloo, die das endgültige Ende Napoleons besiegelte.

Links des Denkmals weist ein Schild den Weg zum Blücher-Museum. Es befindet sich in der engen, altstädtischen *Metzgergasse* und ist von April bis Oktober von 11-16 Uhr sowie von November bis März von 13-17 Uhr geöffnet; montags ist das Museum grundsätzlich geschlossen. Der Eintritt kostet für Erwachsene 4,- DM und für Kinder 2,50 DM.

Das Gebäude, in dem sich heute das Blücher-Museum befindet, wurde 1780 im Barockstil errichtet und beherbergte das Gasthaus „Zur Stadt Mannheim". Zur Jahreswende 1813/14 nahm hier Blücher in den Privaträumen der Gasthofsbesitzer sein Hauptquartier. Ihm zu Ehren wurde im Jahre 1913 in diesem Haus das Blücher-Museum eingerichtet. Im Mittelpunkt des Museums stehen Blüchers Rheinübergang 1813/14 und der Feldmarschall höchstselbst. Viele Erinnerungsstücke, Bilder, Schautafeln und Militaria bringen dem Besucher die damalige Zeit sehr anschaulich nahe. Da die Räumlichkeiten, in denen sich das Museum befindet, unverändert gelassen wurden, erlauben sie einen beeindruckenden Einblick in die gehobene bürgerliche Wohnkultur um 1800. Man beachte die Leinwandtapeten aus dem Rokoko und die mit feinen Aquarellen ausgestatteten Papiertapeten! Die Zeit scheint hier stillzustehen – im wahrsten Sinne des Wortes: Die Uhr im Wohnzimmer steht auf kurz vor zwölf, dem Beginn der Rheinüberquerung in der Silvesternacht.

Blücher wußte: Es ist kurz vor zwölf

Am Ende der *Metzgergasse* steht die katholische Pfarrkirche St. Nikolaus, dort radele ich rechts die *Blücherstraße* hinauf, die von wunderschönen Fachwerkhäusern gesäumt ist – ein ganz typisches Bild für Kaub. Bevor ich den Ort verlasse, werfe ich einen letzten Blick auf Burg Gutenfels, die hoch oben über Kaub thront. Sie stammt aus der ersten Hälfte des 13. Jahrhunderts und erhielt den Namen „Gutenfels", weil sie im Jahre 1504 einer langen Belagerung standhielt. Ende des 19. Jahrhunderts wurde die verfallene Burg wieder aufgebaut und dient heute als Hotel. Es gibt daher dort nichts wesentliches zu besichtigen, allen-

**TOUR 12
Kaub**

Hoch über Kaub thront Burg Gutenfels

falls der prächtige Ausblick lohnt die Bewältigung des steilen Fußweges, der von Kaub hinauf zur Burg Gutenfels führt. Kaub ist übrigens – neben der Sauerburg bei Sauerthal – der südlichste Punkt der Loreley-Burgen-Straße, die zwischen Kamp-Bornhofen und eben Kaub sämtliche wichtigen und interessanten Burgen der Region miteinander verbindet. Auch die *Blücherstraße*, auf der ich mich nun befinde, ist Teil dieser Straße und mit den entsprechenden Schildern ausgezeichnet.

Etappe: Blücherstraße (teilweise steil bergan) - nach 2 km links in Höhe Schwimmbad Anstieg Richtung Dörscheid (2 km)

Blicke in das Rheintal und über die Hochebenen

Natur und Ruhe pur! Ich klettere ungestört von Autos die Straße hinauf. Ein wunderschöner Blick über weite Felder und Wiesen belohnt mich, als ich nahe dem 340 Meter hoch gelegenen Dörscheid den Aufstieg geschafft habe. Die Hochebene links und rechts des Rheintals gibt sich farbenprächtig den Sonnenstrahlen hin. An der nächsten Kreuzung geht es links weiter durch Dörscheid zur „Schwedenschanze". Vom Aussichtspunkt über dem „Roßstein" schaue ich hinunter auf Oberwesel, die Stadt der 16 Türme mit der „Schönburg" und der Liebfrauenkirche.

**TOUR 12
Kaub**

Nach Dörscheid geht es auf gleichem Wege zurück. Ein Landgasthof mit Übernachtungsmöglichkeit, eigenem Weinbau und guter Küche, sowie ein Dorfgasthaus und eine Straußwirtschaft laden hier zur Rast ein. Der Wein, der hier ausgeschenkt wird, nennt sich „Dörscheider Kupferflöz". Mein Weg führt mich jedoch nicht zur Weinprobe, sondern weiter in Richtung des drei Kilometer entfernten Ortes Weisel.

Etappe: nach etwa 300 Metern links ab auf asphaltiertem Weg in die Felder (an der Abzweigung ist am Schild „Landwirtschaftlicher Verkehr frei" ein „R" aufgemalt) - ein paar hun-

Landschaft bei Weisel/Bornich

dert Meter weiter wieder links („R" am Baum
links des Weges) - dem asphaltiertem Weg
durch die Felder folgen, der unterhalb von
Weisel an einer Straße endet - nun nach links
auf den Weg entlang der Loreley-Burgen-Straße (L338) durch Bornich und weiter Richtung
Loreley (4 km/hinter Bornich auf dem Radweg links der Straße fahren!) - Radweg stößt
auf die K89, nun links hinunter zur Loreley (s.
Beschreibung Tour 14).

Nach einer ausgiebigen Besichtigung des
berühmten Felsens radele ich wieder zurück
und hinauf zur Loreley-Burgen-Straße und
werfe einen prüfenden Blick auf meinen Drahtesel. Das sollten Sie jetzt auch tun, denn es
gilt sich zu entscheiden zwischen einem kurzen Weg nach Reichenberg, meinem nächsten
Ziel, oder einem längeren. Der kurze nicht ausgebaute Weg führt durch das wunderschöne,
naturbelassene, aber wilde Forstbachtal und er-
fordert ein geländegängiges Rad (Etappe A),
der längere Weg führt zurück nach Bornich und
von dort weiter über eine ordentliche, für jedes Rad erträgliche Straße (Etappe B). Beide
Wege treffen sich wieder kurz vor dem Offenthaler Hof.

**TOUR 12
Kaub**

Etappe A: an der Loreley-Burgen-Straße nach links Richtung St. Goarshausen - den Berg ein Stück hinab, dann rechts in den befestigen Waldweg Forstbach - unten im Tal Überqueren des Fortsbaches an der Bornsmühle, auf dem anderen Ufer rechts weiter - hinter Steegsmühle beginnt wieder der asphaltierte Weg - kurz vor dem Immenhof aus dem Forstbachtal wieder hinaus - an der Gabelung (Treffpunkt mit Weg über Bornich) links weiter - am Offenthaler Hof vorbei - hinter dem Hof zweite Abzweigung nach rechts - fabelhafter Blick auf die Burg Reichenberg und hinab ins Tal in den Ort.

Reichenberg ist ereicht

Etappe B: denselben Weg zurück nach Bornich wie auf der Hinfahrt - an der Kreuzung in Bornich links Richtung Bogel - hinunter ins Forstbachtal - dann links nach Bornich-Sehnental - hinter Sehnental auf den befestigten, aber bei sehr nasser Witterung nicht gut zu befahrenden Waldweg - im Wald an der Wegekreuzung nach links entlang der alten Römerstraße - endet an der Kreuzung oberhalb des Offenthaler Hofes - nächste Abzweigung rechts nach Reichenberg (s. Etappe A).

Wow, was für eine grandiose Anlage! Eine solche Burg hätte ich hier nicht vermutet. Die Grafen von Katzenelnbogen begannen Anfang des 14. Jahrhunderts mit dem Bau der Burg Reichenberg, vollendet wurde die Anlage allerdings nie. Sie zählt zu den kunstgeschichtlich bedeutendsten Burgen im Rheingebiet!

**TOUR 12
Kaub**

Das muß ich näher besehen, denke ich mir und klettere den Burgweg empor, der gleich auf der anderen Seite der Loreley-Burgen-Straße beginnt, auf die ich im Tal gestoßen bin. Doch dann, welch herbe Enttäuschung: „Betreten der Baustelle verboten", „Privatgrundstück, betreten verboten" bedeuten mir Schilder unmißverständlich, als die Burg schon greifbar nahe ist. Burg Reichenberg ist heute eine stark sanierungsbedürftige Ruine, die sich in Privat-

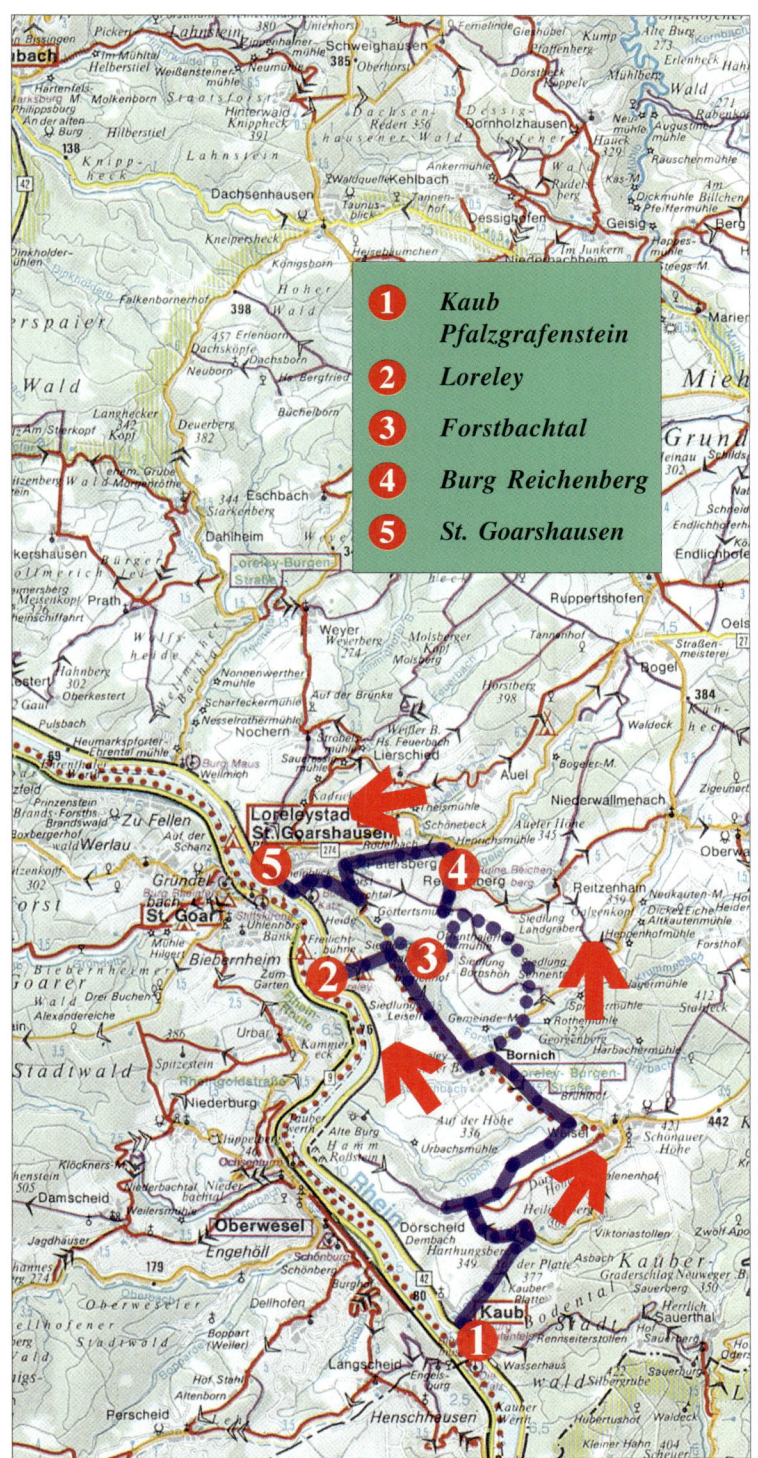

1. Kaub
   Pfalzgrafenstein
2. Loreley
3. Forstbachtal
4. Burg Reichenberg
5. St. Goarshausen

besitz befindet. Schade! Allein schon der Blick von Ferne auf die Anlage ist großartig! Allerdings: Es ist geplant, die Burg ab Mai 2000 zur Besichtigung freizugeben - probieren Sie es einfach mal aus, es lohnt sich! Die Kapelle unterhalb der Burg ist übrigens 600 Jahre alt und dient heute noch als Kirche.

Etappe: auf der Loreley-Burgen-Straße durch Reichenberg - am Ortsausgang links ab nach Patersberg (phasenweise steil bergan auf zwei Kilometer).

Patersberg:
Drei Burgen
im Blick

Das 300 Meter hoch gelegene Patersberg ist ein staatlich anerkannter Erholungsort. Bemerkenswert ist hier der Panoramapunkt Dreiburgenblick, von dem aus sich die Aussicht auf die Burgen Katz, Rheinfels und – leicht zugewachsen – die Burg Maus eröffnet. Zum Dreiburgenblick geht es an der Kreuzung rechts.

Etappe: nach der Rückkehr vom Dreiburgenblick an der Kreuzung in Patersberg schräg rechts auf Straße *Borheller* und weiter *Pionierweg* hinunter ins Forstbachtal - dort rechts auf die Loreley-Burgen-Straße nach St. Goarshausen.

Nach rasanter Abfahrt rolle ich auf der *Forstbachstraße* nach St. Goarshausen hinein und gelange direkt zum Eingang in die Altstadt – aber die schaue ich mir erst morgen an, für heute habe ich genug erlebt!

TOUR 12
Kaub

BESINNLICHES UND MERKWÜRDIGES

Von St. Goarshausen durch den Taunus nach Kestert und zurück

Strecke: St. Goarshausen - Lierschied - Auel - Bogel - Ruppertshofen - Kasdorf - Himmighofen - Weyer - Prath - Oberkestert - Kestert - Ehrenthal - Wellmich - St. Goarshausen.

Länge: Insgesamt 37 Kilometer.

Streckenbeschaffenheit: starke Anstiege nach Lierschied und Prath; gut asphaltierte Tour bis auf die Waldstrecke zwischen Himmighofen und Weyer.

Karte: Deutsche Radtourenkarte 30 und 31, Haupka-Verlag, Bad Soden/Taunus.

Nahverkehr: DB zwischen Kestert und St. Goarshausen; sonst Buslinien.

Womit beschäftigt man sich zuerst beim Besuch St. Goarshausens? Logisch, mit der Loreley! Ich radele also auf der Rheinuferstraße in Richtung des berühmten Felsens. Bald taucht rechts die Mole des Winterhafens auf - und, Augen auf, dort an der Spitze der Mole sitzt auf einem Fels die Loreley! Eine nackte, pralle femme fatale aus Bronze: Haare bis zum Po, Beine bis hinauf zu den Schultern, ein Riesenbusen, frecher, verführerischer und gleichzeitig sittsamer Blick: Natascha Alexandrowna Prinzessin Jusopov, die diese Statue 1983 schuf, weiß offenbar, was Mann braucht, um sein Schiff auf die Felsenriffe zu setzen... Wer sich die Sirene näher anschauen möchte, kann vom Parkplatz unterhalb des Loreleyfelsens aus die Mole bis zur Statue entlanggehen.

**TOUR 13
Loreley**

127

Ich schaue mir vom Parkplatz aus den imposanten, 132 Meter aufragenden Schieferfelsen an. Auf der anderen Straßenseite beginnt der Fußweg, der hinauf führt – die Treppenstufen zähle ich besser nicht, nach zwanzig Minuten bin ich jedoch oben. Hier gabelt sich der Weg: nach links geht es zur durch Pop- und Rockkonzerte bekannten Freilichtbühne, nach rechts zur Felsenkuppe. Schon will ich die allerletzte Treppe nehmen, da stocke ich:

> „Wanderer, entweihe nicht
> Diese heilige Stätte!
> Deutsche Helden zu ehren
> Haben wir sie erwählt."

Hoppla, denke ich und starre die auf einem Felsbrocken angebrachten Verse an. Ein paar Meter weiter schmückt ein Kranz eine Gedenktafel für die Opfer der Weltkriege. Hier an dieser Stelle wird es am besten deutlich: Die Loreley ist mehr als ein Felsen, sie ist ein vielschichtiger sagenumwobener deutscher Mythos, dessen heute bekanntester Teil die verhängnisvolle Heine-Loreley ist. „Der Nibelungen Hort lit in dem Lurenberge", sang zum Beispiel der Dichter Marner im 13. Jahrhundert; und schon lange vorher, in der Bronzezeit, befand sich hier oben eine Burg. Ich kann nur empfehlen, zur Loreley den klassischen Weg vom Rheinufer hinauf zu nehmen: Er ist zwar mühseliger, aber man erhält so einen wahren Eindruck von der Steilheit und Höhe des Felsens und vielleicht auch ein Gefühl dafür, warum ihn ein Mythos umgibt. (Beschreibung des Loreley-Plateaus s. Tour 14)

**TOUR 13
Loreley**

Zu Fuß geht es nun wieder den Loreleytreppenweg hinab, der im Rahmen des EXPO-Projektes „Loreley" bis zum Beginn der Weltausstellung 2000 erneuert wird. Am Rhein angekommen, fahre ich entlang der B42 nach St. Goarshausen zurück und biege am Ortseingang rechts beim Historischen Stadtturm in die Altstadt ab. In dem 1324 erbauten Stadtturm, der

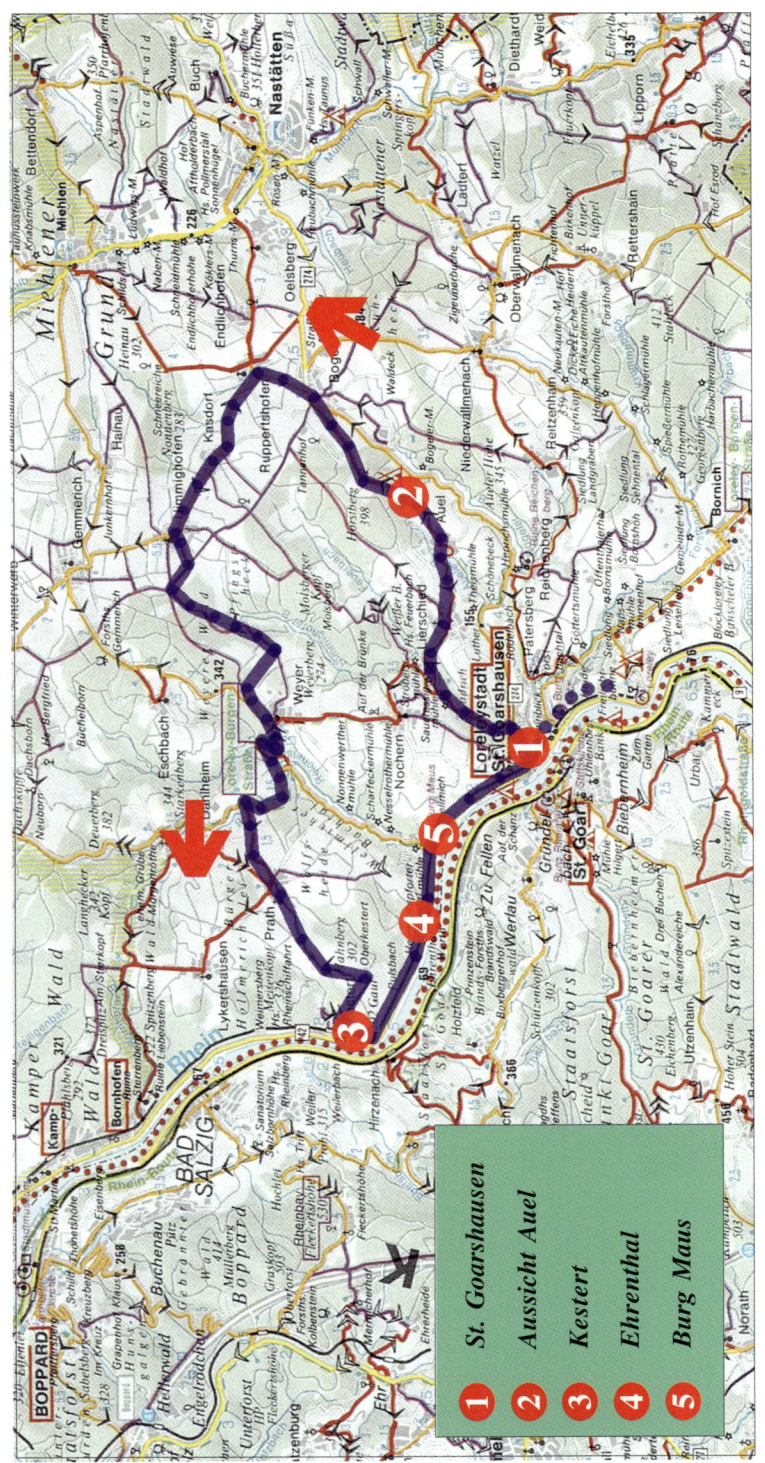

1 St. Goarshausen
2 Aussicht Auel
3 Kestert
4 Ehrenthal
5 Burg Maus

*„Katz" und
„Maus"*

früher auch als Verlies diente, befindet sich heute ein Weinbau- und Heimatmuseum. Auch Weinproben lassen sich hier durchführen – sinnigerweise im sogenannten „Torkelkeller". Vom Stadtturm aus führt die enge *Burgstraße* quer durch die historische Altstadt hin zum Platz *„Am Plan"*, um den sich das schöne alte Rathaus und mehrere prächtige, mit Weisheiten zu Wein und Leben verzierte Fachwerkhäuser drängen. Durch eine schmale Gasse gelange ich zum zweiten alten Stadtturm und damit an das andere Ende der Altstadt.

Etwa hundert Meter rechts die *Forstbachstraße* hinunter beginnt hinter der Bahnunterführung der Fußweg hinauf zur Burg Katz, die hoch über der Altstadt thront. Die Anlage wurde im Jahre 1371 von den Grafen von Katzenelnbogen errichtet und hieß ursprünglich Burg Neu-Katzenelnbogen. Im Jahre 1806 von den napoleonischen Truppen gesprengt, wurde sie gegen Ende des 19. Jahrhunderts wiederaufgebaut und befindet sich heute in Privatbesitz; zur Zeit wird die Burg zum Hotel umgebaut. Es gibt dort oben also nichts zu besichtigen – allenfalls wer an der guten Aussicht interessiert ist, kann den Aufstieg wagen. Warum die Burg heute einfach Burg Katz genannt wird? Nun, das hat mit einer Burg „Maus" zu tun, die ich heute auch noch besichtigen werde...

Ich überquere die *Forstbachstraße*, radele die *Dolkstraße* entlang und biege an der evangelischen Kirche ab zur Anlegestelle der Fähre, die zwischen St. Goarshausen und St. Goar pendelt. Das ältere St. Goar war im Mittelalter Hauptort der Grafschaft Katzenelnbogen und der wehrhafteste Platz am Mittelrhein – das demonstriert noch heute über dem Ort die mächtige Ruine der im 13. Jahrhundert angelegten Burg Rheinfels. Es handelt sich um die umfangreichste Burgruine am Rhein, speziell eine Begehung der unterirdischen Gewölbe der Festung ist eindrucksvoll. Und auch eine Besichtigung des sehr ansehnlichen St. Goar lohnt

Burg Katz

allemal. In St. Goar hat man auch Anschluß an einen neuen Radweg, der den Rhein mit Mosel und Lahn verbindet (Verbindung Rhein-Mosel: über das linksrheinische Rhens, Waldesch auf den Höhen des Hunsrück und das Kondertal; Verbindung Rhein-Lahn: über Rhens, Koblenz, Horchheimer Brücke und Lahnstein).

Anbindungen an den neuen Radweg, der Rhein, Mosel und Lahn verbindet

Etappe: von der Anlegestelle (im kleinen Park nebenan eine Heinrich-Heine-Büste) rechts weiter auf die Rheinpromenade - endet an der B274 (vor Hotel Deutsches Haus), dort rechts weiter durch Straßenunterführung auf die *Nastätter Straße* - bald darauf links ab auf *Nocherner Straße* Richtung Lierschied (3 km) - nach 1 km rechts ab nach Lierschied (starker Anstieg bis zum Ort) - in Lierschied dem Hinweisschild Auel (2 km) folgen - links nach Auel hinein - über Hauptstraße weiter Richtung Bogel (3 km).

Hinter Auel mache ich eine wohlverdiente Pause und blicke zurück auf dieses von alten schönen Bauernhöfen und Fachwerkhäusern geprägte Dorf. Fabelhaft, die Aussicht auf die Hochebenen rund um das Rheintal! Meine Tour

Ruhe und Erholung in der Natur

131

führt mich nun entlang Wiesen, Felder und durch Wälder – hier und auch auf der weiteren Strecke gibt es eigentlich „nur" drei, aber dafür grundlegende „Sehenswürdigkeiten": die Stille, die Langsamkeit und die Natur.

Etappe: hinein nach Bogel auf *Rheinstraße* - an Kreuzung links ab Richtung Nastätten - nach wenigen hundert Metern links ab nach Ruppertshofen (1 km) - an Ruppertshofen (mit stattlichem Fachwerk-Pfarrhaus aus der Zeit um 1760) vorbei nach Kasdorf (2 km) - weiter nach Himmighofen (1 km) - in Himmighofen auf der Haupstraße bis zum zentralen Platz mit Brunnen und Dorfgemeinschaftshaus - rechts des Platzes links die *Kirchstraße* hoch - rechts in die *Oberstraße* und dann links via *Alter Graben* in die Felder - in den Wald hinein und den ersten befestigten Weg nach rechts nehmen - dann gleich wieder links - oberhalb von Weyer an der K85 nach links - kurz hinter dem Ortseingang Weyer rechts ab Richtung Dahlheim - rasante Abfahrt auf der Loreley-Burgen-Straße hinab ins Tal des Dahlheimer Baches - unten im Tal rechts Richtung Dahlheim.

Eine wunderschöne Umgebung zum Radeln: still und entspannend; neben der Straße plätschert der Bach. Gemütlich trete ich in die Pedale und sinniere über Weisheiten des Radfahrens – zum Beispiel: Was man in den Bergen herunterfährt, muß man auch wieder hinauffahren... Der Beweis für die Richtigkeit dieser Weisheit folgt dann prompt: Links ab geht es nach Prath (2 km), und zwar heftig bergan! So heftig, daß ich lieber schiebe.

Berg- und Talfahrt

**TOUR 13
Loreley**

Etappe: in Prath an der Kreuzung geradeaus weiter über *Rheinstraße* Richtung Kestert - auf asphaltiertem Weg durch Feld, Wiese und Wald nach Oberkestert.

Kurz hinter Oberkestert zweigt links ein Feldweg von der Straße ab, er führt zum Aussichtspunkt Rheinburgenblick. Von hier hat man

Die Klosterschänke in Ehrenthal

einen sehr schönen Blick auf Kestert und Kamp-Bornhofen mit seinen beiden Burgen Liebenstein und Sterrenberg, im Volksmund „die feindlichen Brüder" genannt. Danach setze ich meine rasante Abfahrt ins Rheintal fort und komme in Kestert direkt hinter dem Bahnhof an. Ich unterquere den Bahnhof und radele hinunter zur Rheinpromenade. Dort befinden sich gut geführte Hotels, Gaststätten und Speiserestaurants, die zum Verweilen bei heimischen Gerichten und gutem Wein einladen.

Ich radele nun entlang der *Rheinstraße* Richtung St. Goarshausen. In Ehrenthal steht direkt an der Straße ein echtes Unikum: Der weltliche und der geistliche Bereich sind hier eine besonders enge Beziehung eingegangen, der Gasthof „Klosterschänke" und die Dorfkirche befinden sich in ein und demselben Gebäude! Früher konnte man direkt aus der Schänke in die Kirche gelangen - Wolfgang Amadeus Mozart konnte das wohl bei seinem Besuch hier im Jahre 1763 ausprobieren. Heute gibt es den Durchgang nicht mehr. Die Kirche ist immer noch in Funktion, einmal im Monat

Liebenstein und Sterrenberg: „die feindlichen Brüder"

**TOUR 13
Loreley**

*Ehrenthal:
Die Symbiose von
Geist und Welt*

kommt der Pfarrer aus St. Goarshausen, um die Messe zu lesen. Die Verbindung zwischen dem Gasthof und der Kirche ist jedoch in gewisser Weise immer noch erhalten geblieben: Wer die Kirche besichtigen möchte, frage bei der Wirtin der „Klosterschänke" nach – sie verwahrt den Schlüssel.

Über Wellmich thront hoch oben auf dem Berg die prächtige Burg Thurnberg, erbaut 1356 durch den Erzbischof von Trier und zeitweilig auch Residenz der Trierer Kirchenfürsten. Burg Thurnberg? „Aber das ist doch die Burg Maus!" werden jetzt viele sagen. Stimmt. Die Burg Thurnberg ist mit dem Schicksal geschlagen, unter dem Spottnamen bekannt zu sein, den ihr die Grafen von Katzenelnbogen verpaßten: Die mächtigen Grafen errichteten über St. Goarshausen die Burg Neu-Katzenelnbogen, genannt Burg Katz, und verhöhnten die benachbarte Burg ihrer Trierer Feinde mit der Bezeichnung „Burg Maus". Die verfallene Anlage wurde zwischen 1900 und 1906 wiederaufgebaut und beherbergt heute einen Adler- und Falkenhof. Von Ende März bis Anfang Oktober finden täglich Flugvorführungen mit Lehrvortrag statt. Wer die gesamte Burg besichtigen möchte, sollte sich mit dem Verkehrsamt in St. Goarshausen in Verbindung setzen (Tel. 06771 - 91011). Von Wellmich gelangt man über die *Bachstraße* hinauf zur Burg.

Burg Maus oder alles für die Katz

Von Wellmich bis St. Goarshausen ist es jetzt nur noch ein Katzensprung.

TOUR 13 Loreley

134

DIE LORELEY UND IHR HINTERLAND

Von der Loreley nach Bogel und Weisel und zurück

Strecke: Loreley - Bornich - Sehnental - Reitzenhain - Bogel - Niederwallmenach - Oberwallmenach - Rettershain - Weisel - Dörscheid - Bornich - Loreley.

Länge: Insgesamt 38 Kilometer.

Streckenbeschaffenheit: befestigter Waldweg zwischen Sehnental und Reitzenhain sowie zwischen Rettershain und Weisel; ansonsten asphaltierte Wege oder Straßen mit gelegentlichen kleinen bis mittleren Anstiegen.

Karte: Deutsche Radtourenkarten 30 und 31, Haupka-Verlag, Bad Soden/Taunus.

Nahverkehr: Busverbindungen zwischen den einzelnen Ortschaften.

*G*espannt stelle ich mein Rad auf dem Parkplatz ab: Der Tourismusgott hat vor den Loreleyfelsen das schmucke „Berghotel auf der Loreley" gesetzt. Ich gehe links um das Hotel herum, um zum Aussichtsplateau des 132 Meter über den Rhein steil aufragenden Felsens zu gelangen. Auf dem Weg dorthin begegnet mir Rätselhaftes: zehn in Schieferblöcke eingeschlagene Piktogramme – archaisch anmutende Abbildungen. Eine Broschüre „Loreley – Zeichen und Legenden", die am Kiosk vor dem Hotel angeboten wird, klärt auf. Es handelt sich um das gleichnamige Projekt zur Weltausstellung EXPO 2000. „Die Zeichen sind die Sprache der Abwesenden, der Geschichten und Sagen, der Vorstellungen, Wünsche und Träume, die sich um den Begriff Lo-

TOUR 14
St. Goarshausen

reley ranken", so lese ich im Vorwort des Piktogrammheftes.

Dann stehe ich auf dem neu gestalteten Aussichtsplateau und blicke in die atemberaubende Tiefe. In früheren Zeiten war der Rhein unterhalb der Loreley wegen der Untiefen, Stromschnellen und verborgenen Felsenriffe bei den Schiffern gefürchtet; so manches Schiff wurde bei der Passage beschädigt oder zerschellte gar. Die Rheinromantik versinnbildlichte diese Gefahr dann in der Sagengestalt der Loreley. Erfinder dieses schönen, blonden, jungfräulichen Giftes, das die Rheinkapitäne mit ihrem betörenden Gesang gleich reihenweise auf Grund laufen ließ, war um 1800 der Dichter und Romantiker Clemens Brentano, doch richtig bekannt wurde die Sirene erst so richtig durch das berühmte Gedicht Heinrich Heines aus dem Jahre 1823: „Ich weiß nicht, was soll es bedeuten..." Die Loreley ist zweifellos das herausragende Symbol der Rheinromantik, die sich im 19. Jahrhundert entwickelte. Heute ist der Rhein an dieser Stelle kanalisiert und durch eine Ampelanlage gesichert - und die betörende Loreley wurde ausquartiert. Ja, es gibt es wirklich, das schiffemordende Weib: Wer gute Augen oder ein Fernglas zur Verfügung hat, der spähe hinüber zur Spitze der Hafenmole schräg rechts unterhalb des Felsens. Dort sitzt die Loreley in ihrem Exil als bronzegewordener Männertraum... (s. Tour 13). Aber auch sonst ist der Blick ins Rheintal fabelhaft. Rechts sieht man St. Goarshausen mit der Burg Katz.

Auch für den, der die Loreley schon kennt, lohnt sich ein erneuter Besuch: Der Felsen ist als externer Standort der Weltausstellung EXPO 2000 ausersehen, die im Frühjahr des Jahres 2000 in Hannover beginnt. Für dieses Ereignis wird die Loreley zum Landschaftspark umgestaltet, dessen wichtigster Inhalt eine weitgehende Renaturierung des Plateaus ist. Die auffälligste Veränderung stellt allerdings das Besucherzentrum im Vorbereich der für Open-

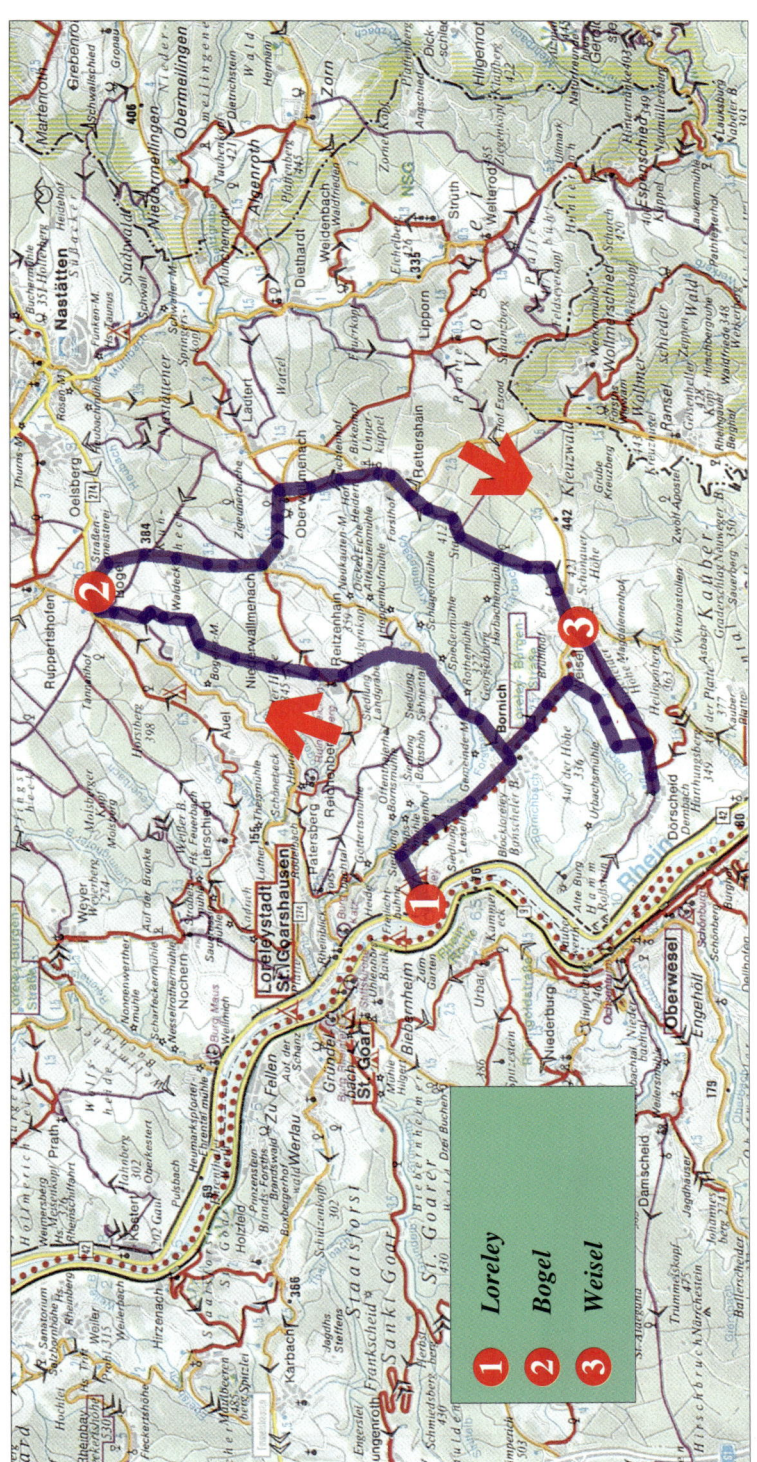

Loreley
Bogel
Weisel

137

Air-Konzerte genutzten Freilichtbühne dar: Dort erwarten den Besucher umfassende Informationen zur Region und ein Mythosraum, der den vielfältigen Mythos Loreley thematisiert. Das Wissen wird auf spielerische, unterhaltsame und sinnliche Weise vermittelt, so z.B. durch interaktive Installationen, Farbwelten, Exponate zum Anfassen, Bilder und Klangflächen.

Doch nun ist genug geschaut und geschwärmt, jetzt wird geradelt! Ich klettere den Asphalt in Richtung Loreley-Burgen-Straße hinauf, passiere den Wein-Lehrpfad Loreley und biege dann am Wald rechts ab auf den Radweg, der mich entlang der Straße vier Kilometer leicht aufwärts nach Bornich führt. Unübersehbar ragt der Turm der aus dem 11. Jahrhundert stammenden Wehrkirche über die Dächer dieser knapp 1200 Einwohner starken Winzergemeinde. Die örtliche Winzergenossenschaft bietet neben einer Weinprobe sogar eine Kellerbesichtigung an.

Noch vier Kilometer bis zur Weinprobe in Bornich

Etappe: in Bornich an der Kreuzung links ab Richtung Bogel (9 km) - hinunter ins Forstbachtal - dann links nach Bornich-Sehnental - hinter Sehnental befestigter Waldweg, immer geradeaus - an der Straße rechts nach Reitzenhain hinein.

Entspannt radele ich auf der Ortsstraße durch die kleine Gemeinde. Gleich links entdecke ich die alte Ortskirche; ihr Schmuckstück ist eine der seltenen Schöler-Orgeln. Am Hinweisschild „Niederwallmenach 2 km" biege ich links ab. Bald erreiche ich das schöne Fachwerk-Rathaus von Reitzenhain. In demselben Gebäude befindet sich auch das historische Backhaus, in dem noch nach alter Tradition Bauernbrot gebacken wird. Sofort hinter dem Rathaus biege ich zunächst links und dann sofort rechts ab Richtung Bogel. Zunächst ist die Trasse asphaltiert, dann geht es jedoch auf einem befestigten Weg geradeaus

Strohfrau bei Bogel

durch den Wald. An dessen Ausgang taucht schräg links auf der Anhöhe schon der Fremdenverkehrsort Bogel auf.

Etappe: geradeaus am Wald entlang und weiter auf geteertem Weg schräg links auf Bogel zu - über *Brunnenstraße* und Ortsstraße zur Kreuzung in Dorfmitte (hier befindet sich auch das Rathaus der 617-Seelen-Gemeinde: es teilt sich die Räumlichkeiten mit einem Haarstudio)

- rechts Richtung Nastätten - am Ortsausgang rechts ab nach Niederwallmenach (3 km) - auf der *Lindenstraße* hinein nach Niederwallmenach - an der Kreuzung (Pfarrkirche von 1719) links auf *Taunusstraße* hinauf nach Oberwallmenach (1 km) - auf Hauptstraße hinein nach Oberwallmenach und an Kreuzung rechts Richtung Lautert - kurz darauf wieder rechts in Rheingaustraße, vorbei an Dorfkirche von 1733 - weiter auf der Straße nach Rettershain (2 km) - in Rettershain an Kreuzung weiter Richtung Weisel (6 km) - Hauptstraße folgen, am Ortsausgang dann geradeaus auf den ausgeschilderten Weg R4 - am Waldrand links und dann im Wald auf befestigtem Weg der Beschilderung R4 folgen - am Waldausgang Anstieg auf bitumigen Weg nach Weisel - vom *Kräfter Weg* rechts ab auf *Neupforter Straße*.

Erwartungsvoll lasse ich mein Rad hinunter ins Zentrum der 1150 Einwohner starken Gemeinde rollen. Weisels bedeutendster Wirtschaftszweig war einmal der Schieferbergbau, der noch bis in die achtziger Jahre hinein betrieben wurde. Große Steinbrüche zeugen noch von dieser Industrie (s. Tour 11). Mich interessieren jedoch heute mehr zwei andere geschichtliche Hinterlassenschaften, die der schmucke kleine Ort bereithält: das Blücher-Denkmal und ein römischer Grabtumulus, beide in der Nähe des Ortausganges in Richtung Kaub gelegen.

Weisel: Blücher-Denkmal und Grabtumulus

Über die *Altpforter Straße* gelange ich rasch zum Blücher-Denkmal. Es besteht aus einer dicken Steinplatte, die von fünf Säulen getragen wird, und ist 1913 zum Gedenken an den Rheinübergang der preußisch-russischen Armee Feldmarschall Blüchers zur Jahreswende 1813/1814 errichtet worden (s. Beschreibung Tour 12). Das Denkmal trägt die Inschrift: „In Harren und Krieg, in Sturz und Sieg, bewußt und groß, so riß er uns vom Feinde los." Der Feind, das waren damals die Truppen des französischen Kaisers Napoleon. In der Region um

TOUR 14
St. Goarshausen

Blücher-Denkmal in Weisel

Weisel bereitete sich damals Blüchers Armee auf den Rheinübergang bei Kaub vor; auch das Holz für die Ponton-Brücke über den Rhein wurde hier oben geschlagen. Weisel ist Station des Wanderweges „Blücherweg", der von Strüth, Lipporn, Weisel und das Blüchertal hinunter zum Rhein führt.

Gleich neben dem Denkmal entdecke ich einen Übersichtsplan, der mir den Weg zum nur wenige hundert Meter entfernten römischen Grabtumulus weist. Ich fahre also die *Altpforter Straße* noch ein Stück herunter und biege an der ersten Abzweigung links ein. Die runde Grabstelle wölbt sich unübersehbar aus einem Getreidefeld empor und ist durch eine kleine Mauer eingefaßt. An ihrer höchsten Stelle ragt ein Pfahl in die Höhe. Dieses Einzelgrab stammt aus dem 2. Jahrhundert und wurde 1992 freigelegt. Eine Grabkammer wurde jedoch nicht mehr gefunden - vermutlich haben sich ihrer noch in der Antike Räuber angenommen. Der

TOUR 14
St. Goarshausen

Das einzige Grab dieser Art östlich des Rheins

141

Grabtumulus von Weisel ist das erste Grab dieses Typs, das östlich des Rheins aufgespürt wurde.

Etappe: zurück zum Blücher-Denkmal - über *Altpforter Straße* hinein nach Weisel - links in *Jahnstraße* Richtung Bornich - dann links in *Brückenstraße* nach Dörscheid (3 km) - erste Abzweigung hinter Weisel (Schild: „Anlieger frei") rechts ab und geradeaus durch die Felder - an Straße rechts ab nach Dörscheid - von Dörscheid (sehr schöner Blick vom Aussichtspunkt Schwedenschanze auf Oberwesel und in das Rheintal) denselben Weg zurück, jedoch in den Feldern nach ein paar hundert Metern links ab („R" am Baum links des Weges) - dem asphaltierten Weg durch die Felder folgen, er endet unterhalb von Weisel an der Straße - nun nach links auf den Weg rechts der Straße bis Bornich - auf dem Radweg der Loreley-Burgen-Straße wie bei der Hinfahrt zurück zur Loreley.

TOUR 14
St. Goarshausen

SÜSSE FRÜCHTE UND RAUHBEINIGE RITTER

Ein sonniger Ausflug am Ufer des Rheins von Kestert über Osterspai nach Lahnstein

Srecke: Kestert - Kamp-Bornhofen - Osterspai - Braubach - Lahnstein.

Länge: Insgesamt 14 Kilometer.

Streckenverlauf: Da die gesamte Tour am Rheinufer verläuft, sind keine Steigungen zu bewältigen. Streckenweise kein Radweg entlang der Bundesstraße.

Karte: Deutsche Radtourenkarte 30, Haupka-Verlag, Bad Soden/Taunus.

Nahverkehr: Zwischen Kestert und Lahnstein verkehrt die Deutsche Bundesbahn. An allen oben genannten Ortschaften kann zugestiegen werden.

Wie schön das romantische Rheintal ist, konnte ich schon während der Fahrt mit der Regionalbahn nach Kestert feststellen. Kurvenreich schlängelt sich der Strom durch das Tal der Loreley entlang des rheinischen Schiefergebirges. Nah treten die Berge an das Ufer heran, steil und schroff steigen sie hinauf. Dies ist also die herrliche Kulisse meiner heutigen Radtour, die ohne nennenswerte Steigungen immer entlang des Rheins verläuft.

Ins romatische Tal der Loreley

In Kestert angekommen, geht es über die *Bahnhofstraße* und die *Fischergasse* zum Rheinufer hinunter. Die B42 verläuft hier entlang des schmalen Ufers und ist heute die Wegstrecke, die mich stets stromabwärts nach Lahnstein führen wird. Das kleine Kestert mit sei-

TOUR 15 Kestert

nen rund 800 Einwohnern erscheint mir mit seinen vielen engen Gassen als kleiner verträumter Ort am rechten Rheinufer. Am Geländer
zum Rheinufer haben die Einwohner Geranien
gepflanzt, die rot in der Sonne leuchten. Gegenüber auf der anderen Rheinseite ragen mas-
sive Bergfelsen steil empor. Ein weißer Aus-
flugsdampfer schippert über den Fluß. Der
Wind trägt die Musik, die eine Kapelle auf dem
Deck zum Besten gibt, bis zu mir hinüber. Es
ist die „Stolzenfels", benannt nach jenem
Schloß, das wir heute am Ende unserer Etappe
gegenüber von Lahnstein noch sehen werden.

Von Kestert rücken aber erst einmal die beiden Burgen Liebenstein und Sterrenberg in
meinen Blick, die unter dem Namen „die feindlichen Brüder" bekannt sind. Hoch stehen sie
auf dem Bergrücken über Kamp-Bornhofen,
das noch fünf Kilometer vor mir liegt. Also
folge ich erst einmal dem langezogenen Links-
bogen, den der Rhein hier stromabwärts zwischen den Bergen beschreibt.

Schon nach kurzer Fahrt ist auf der anderen
Rheinseite Bad Salzig auszumachen. Dahinter
wird der Blick frei auf die ansteigenden Berge
des Hunsrück.

Auf beiden Rheinseiten krallen sich verein-
zelte Häuser an die spärlich bewachsenen Berg-
hänge, die nur über schmale, steil nach oben
führende Straßen zu erreichen sind. Was für
eine Mühe es bereitet haben muß, die Anwesen in dieser unwirtlichen Umgebung zu erbau-
en, quasi in das Massiv zu schlagen. Dafür werden die Besitzer aber jetzt mit einer einmali-
gen Aussicht belohnt, die sie von ihren Terras-
sen und Balkonen auf das romantische Rheintal genießen. Da kann man schon neidisch werden.

Besonders an so schönen, heißen Sommer-
tagen wie dem heutigen. Aber Gott sei Dank
geht auch ein erfrischender Wind, der teilweise so stark bläst, daß er mir die Mütze vom
Kopf zu wehen droht. Und auch der Verkehr
auf der Bundesstraße ist nicht so stark, daß man
ständig an den Rand gedrängelt wird. Schon

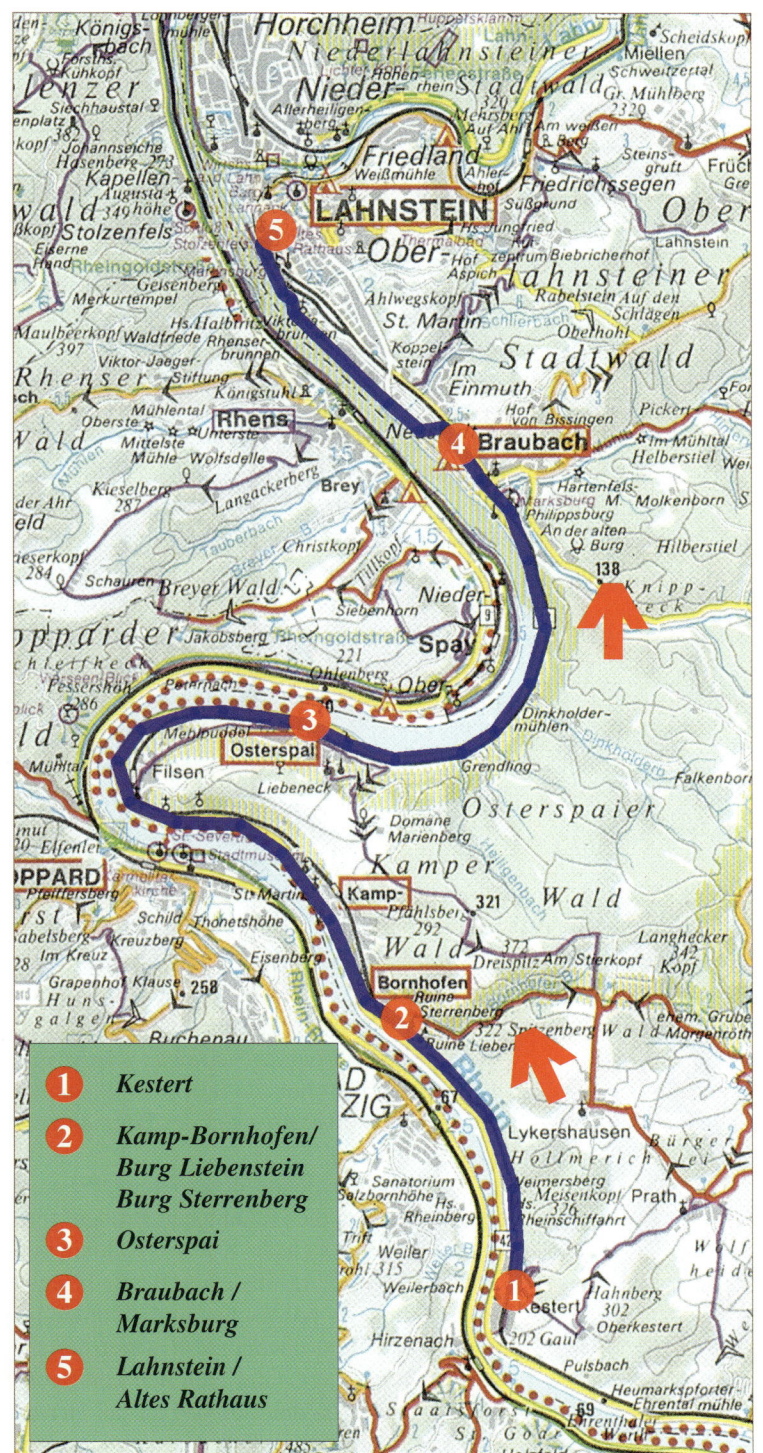

1   *Kestert*

2   *Kamp-Bornhofen/*
Burg Liebenstein
Burg Sterrenberg

3   *Osterspai*

4   *Braubach /*
Marksburg

5   *Lahnstein /*
Altes Rathaus

bald passiere ich ein Kreuz, das an einen Mann und seinen Sohn erinnert, die hier beim Überqueren des Flusses ertrunken sind. Was mir vor Augen führt, daß der Rhein nicht nur romantisch, sondern auch recht grausam sein kann. (Im Rathaus von Kamp-Bornhofen befindet sich das Flößer- und Schiffermuseum, das diese wechselvolle Geschichte dokumentiert.) Und dies gerade hier im Tal der Loreley, das mit seinen Mythen und Geschichten maßgeblich zur Rheinromantik des 19. Jahrhunderts beigetragen hat. Diesen Gedanken noch nachhängend, erreiche ich die „feindlichen Brüder", die beiden Burgen Liebenstein und Sterrenberg. Beziehungsweise was heute noch von ihnen übrig ist: denn auch an diesen beiden Festungen nagte der Zahn der Zeit – obwohl sie sich von meinem Standpunkt aus noch ganz stattlich hermachen. Hoch thronen sie auf dem Bergrükken und von der Rheinseite waren sie sicherlich nicht einzunehmen, zu steil fallen hier die Berge ab.

Der Rhein: Lebensgrundlage, aber auch eine ständige Bedrohung

Burg Sterrenberg, die ältere der beiden Burgen, gilt als eine der großartigsten und stolzesten Leistungen der mittelalterlichen Kriegsbaukunst. Die Urburg soll bereits 1110 erbaut worden sein. Der Palas, das Hauptgebäude der Ritterburg, kam um 1200 hinzu. Schon zu jener Zeit galt Sterrenberg als Reichsburg, der das Privileg zustand, Zoll erheben zu dürfen.

Burg Liebenstein hingegen ist wohl erst zu Ende des 13. Jahrhunderts errichtet worden und diente als vorgeschobene Befestigung, um gegen feindliche Angriffe von der Bergseite gewappnet zu sein.

Sterrenberg und Liebenstein: „die feindlichen Brüder"

Eine einschneidende Veränderung, die auch zu der Sage um die „feindlichen Brüder" führen sollte, ergab sich, als Kurfürst Balduin von Trier 1314 die Burg in seinen Besitz bringen konnte. Infolge politischer und finanzieller Zwänge hatte der ehemalige Besitzer der gesamten Burganlage, Graf Heinrich von Sponheim-Dannenfels, die Vorburg an die Herren von Sterrenberg veräußert, die sich daraufhin

Liebenstein nannten. Durch den Verkauf und politische Ränkespiele verfeindeten sich die auf den Burgen ansässigen Familien und hießen seitdem im Volksmund die „feindlichen Brüder".

In der Legende geht es natürlich wesentlich dramatischer zu. Danach sollen Neid und Habgier zum Streit zwischen den Brüdern geführt haben. Nach dem Tod des Vaters soll die Burganlage an die beiden Brüder übergegangen sein, die sich darüber hinaus auch noch einen reichen Schatz mit der blinden Tochter teilen sollten. Dieser Schatz, es handelte sich um gemünztes Gold, wurde mit Scheffeln zwischen den Dreien abgemessen. Aber habgierig wie die Brüder nun einmal waren, betrogen sie die blinde Schwester, indem sie ihr jeweils nur die Unterseite des Scheffels mit Münzen belegten. Die so Betrogene gründete mit diesem Geld das Kloster Bornhofen. Die Brüder hingegen lebten in Saus und Braus und neideten sich bald Reichtum und Vergnügen. Man errichtete die Streitmauer zwischen den Burgen. Erst verarmt und somit des Gegenstands des Neids beraubt, versöhnten sie sich wieder und verabredeten sich zur gemeinsamen Jagd für den nächsten Morgen. Derjenige, der als erster wach werden würde, sollte einen Pfeil gegen den Fensterladen des anderen schießen. Doch gerade als der Pfeil aus dem Bogen schnellte, öffnete der andere Bruder das Fenster und wurde tödlich getroffen. Der Überlebende pilgerte vom Kummer über diesen Vorfall gebrochen nach Jerusalem, wo er verstarb. Die Burgen verfielen.

Tatsache ist hingegen, daß Sterrenberg bereits um 1500 aufgegeben wurde und danach verfallen ist. Bereits ältere Ansichten, die die Burg im 17. Jahrhundert zeigen, stellen die Festung als Ruine dar. Liebenstein hingegen konnte sich wesentlich länger halten, obwohl das Geschlecht der Liebensteiner bereits 1537 ausgestorben war. Erst während des 30jährigen Krieges wurde Liebenstein ein Opfer der Flammen. 1752 unternahm man noch einmal einen Versuch, die Burg wieder aufzubauen,

Die Legende von den beiden feindlichen Brüdern und der betrogenen Schwester

doch nur 35 Jahre später, man schrieb das Jahr 1787, brannte die Anlage erneut nieder und wurde seitdem nicht mehr renoviert.

Mit diesen beiden sagenumwobenen Burgen ist auch Kamp-Bornhofen erreicht, das 2000 sein 1050jähriges Bestehen feiert. Auf der rechten Seite sehe ich bereits die Wallfahrtskirche mit ihren anhängigen Gebäuden und dem weißen Kirchturm, auf dessen Spitze sich ein kupferner Wetterhahn im Winde dreht. Unter der Gleisunterführung hindurch erreiche ich den farbenfrohen Kirchplatz, auf dem Fahnen im Wind wehen.

Bornhofen wurde 1110 erstmals urkundlich erwähnt, damals noch als Burgenhoven.

Über eine kleine Treppe komme ich an das Kirchenportal und trete in das im Halbdunkel liegende Kirchenschiff ein. Es umfängt mich die Ruhe und der Schutz, der von diesem Gemäuer ausgeht, und das der Legende nach von der betrogenen blinden Schwester der feindlichen Brüder gestiftet wurde. Aber wieder einmal haben uns die Geschichtenerzähler aufs Glatteis geführt. Zwar ist die Kirche in der Tat aus finanziellen Zuwendungen reicher Adliger hervorgegangen, der eigentliche Ruhm des Klosters mit seiner zweischiffigen spätgotischen Halle ist jedoch eng mit dem Namen des kurtrierischen Amtsmannes Johannes Brömser verknüpft. Der geriet auf seiner Wallfahrt nach Jerusalem in türkische Gefangenschaft und gelobte für den Fall seiner Befreiung reiche Stiftungen. Nach seiner glücklichen Heimkehr an den Rhein kam neben anderen Gottesbauten auch das Kamp-Bornhofener Kloster in die Gunst seines Gelübdes.

Die Geschichte der Wallfahrtskirche

In der Wallfahrtskirche von Kamp-Bornhofen wird übrigens auch der Radfahrer-Gottesdienst abgehalten, der jedes Jahr am letzten Wochenende im Juni stattfindet und den Auftakt zum autofreien Tag „Tal to Tal" bildet. An diesem Sonntag steht das gesamte Tal der Loreley ganz und gar im Zeichen des Bikens und des Skatens. Viele Rheingemeinden unterhal-

TOUR 15 Kestert

Die Wallfahrtskirche in Kamp-Bornhofen

ten die Gäste mit eigenen Veranstaltungen. Außerdem verkehren spezielle Fahrradschiffe auf
dem Rhein, die diesen Tag begleiten und deren Kapitäne kluge Kinderfragen zum Führen
eines Schiffes beantworten.

Ich kehre über die *Burgstraße* auf die B42
zurück und halte mich in Richtung Filsen.
Schon bald erreiche ich das Freibad von Kamp-
Bornhofen, wo ich auf einer Bank am Rheinufer eine Rast einlege und die Aussicht auf mich
wirken lasse.

Bei dieser wunderschönen Kulisse mit dem
ruhig vor sich hin fließenden Strom, dem Ge-

*„Tal to Tal" - am
letzten Wochenen-
de im Juni*

**TOUR 15
Kestert**

birge und den Burgen mußte sich hier im 19. Jahrhundert fast zwangsläufig eine Rheinromantik entwickeln, die die Realität überhöhte und verklärte. Aber wer glaubt schon wirklich an die edlen Motive, die die damaligen Dichter ihren Helden in die Wiege legten. Von Rittern mit Mark in den Knochen war da die Rede, die nur die hehresten Absichten hatten. Mit starken Sehnen, das Herz fest und wild, und den Becher stets gefüllt. Ja, so worn´s, die alten Rittersleut´...

Ich freue mich jedoch erst einmal, daß hinter Kamp-Bornhofen ein Radweg die Bundesstraße und den Rhein begleitet, der das Radeln wesentlich unbeschwerter macht. Und schon nach kurzer Zeit und zwei angenehmen Kilometern kommt die Rheinpromenade von Boppard auf der gegenüberliegenden Stromseite in Sicht.

Zwar besteht die Möglichkeit, hier per Fähre nach Boppard überzusetzen, ich halte jedoch weiter auf die vor mir liegende größte Rheinschleife des Mittelrheins und die beiden Gemeinden Filsen und Osterspai zu.

Filsen: einst römischer Brückenkopf zum Limes

Die 600-Seelen-Gemeinde Filsen kann auf eine lange Geschichte zurückblicken. Noch bis zirka 400 n. Chr. war die kleine Ortschaft der Brückenkopf des römischen Kastells Boppard und damit der Anfangspunkt des Versorgungsweges, der bis zum Limes führte. Hinter Filsen reichen die Weinhänge auf der anderen Rheinseite bis an die Bergkuppen heran. Ich kann mir schon vorstellen, daß die Weinlese hier harte Knochenarbeit in den steilen Hängen darstellt. Aber was tut man nicht alles für einen guten Tropfen. Und auch ich nehme mir vor, in eine der zahlreichen Weinstuben einzukehren, um den hier angebauten Tropfen zu kosten.

Zur anderen Seite sind die Obsthänge zu erkennen, für die Filsen und das nahegelegene Osterspai berühmt sind. Im Frühjahr verwandelt sich die Landschaft hier in ein wahres

**TOUR 15
Kestert**

Fachwerkensemble in Osterspai

Blütenmeer, und Tausende von Obstbäumen leuchten weit über das Land. Lange Zeit lebten die Einwohner von Filsen und Osterspai von diesen Früchten, die ihnen den Lebensunterhalt sicherten.

Ich verlasse die Bundesstraße und biege nach rechts ein auf den Ortskern von Osterspai zu. Über die *Hauptstraße* geht es durch das kleine Rheindorf mit seinem freundlichen und behaglichen Charakter. Vollkommen verlassen liegt der Ort in der Mittagssonne. Kein Mensch ist weit und breit zu sehen, alles ist ruhig, nichts ist zu hören. Im Schrittempo radle ich durch die fachwerkgesäumte Einkaufsstraße.

Osterspai ein ganz besonderes Rheindorf

Besonders eindrucksvoll präsentiert sich das Fachwerkensemble in der *Hauptstraße 16* bis *20* an der Ecke *Schnatzenstraße*. Prunkstück dieser Anlage ist das 1579 erbaute Fachwerkhaus Snat, das mit seinem steilen Satteldach, dem Krüppelbein und den dreiseitigen Auskragungen über dem Massivsockel eine Augenweide darstellt. Auffällig sind auch die Viertelkreisbögen im Giebeldreieck sowie die Halbkreisbögen und die Mannsfiguren. Weiter geht es auf die gelb-weiß getünchte barocke Pfarrkirche St. Martin zu. Als die Turmuhr zwei Uhr

**TOUR 15
Kestert**

schlägt, erschrecke ich mich so sehr, daß ich zusammenzucke – damit hatte ich in dieser Stille nicht gerechnet.

Aber auf der B42 holt mich die moderne Zivilisation wieder in Form von Autolärm ein. Leider verläuft hier kein Radweg mehr entlang der Straße, so daß ich mich auch wieder auf den Verkehr konzentrieren muß. Ich steuere nun auf einen Altarm des Rheins zu, der durch einen langgezogenen dünnen Landstreifen vom Hauptstrom getrennt ist. Hier befindet sich das Naturschutzgebiet „Auf dem Schottel", das insbesondere für seltene und gefährdete Vogelarten von Bedeutung ist, die hier Brut-, Rast- und Überwinterungsmöglichkeiten vorfinden.

Direkt hinter dem Naturschutzgebiet kommt auch schon die Marksburg in Sicht, die majestätisch über Braubach residiert. Sie ist wohl das meistfotografierte Motiv am Rhein. Immer näher rücke ich an die von Rebenhängen umstandene Stadt Braubach heran.

Im Naturschutzgebiet wurden auch schon Kormorane gesichtet

Die Altstadt mit ihren verwinkelten engen Gassen liegt direkt unterhalb der Burg, die auch vom Marktplatz zu bestaunen ist, wo ich eine Kaffeepause einlege. Der Blick nach oben zur Marksburg nimmt mir jegliche Lust, die Burg mit dem Rad erobern zu wollen. Also erkundige ich mich bei der Wirtin, die mir den Fußmarsch über die *Obermarktstraße* und den *Hahnweg* empfiehlt, der zirka 15 Minuten in Anspruch nimmt. Gerade als ich mich aufmachen will, nähert sich noch eine andere Lösung des Problems in Form einer gelb-grünen Lokomotive auf Rädern: der Marksburgexpress rollt an mir vorbei, der Erwachsene für 5,- und Kinder für 3,- DM auf die Burg transportiert.

Braubach und die Marksburg

**TOUR 15
Kestert**

Die Marksburg ist übrigens die einzige Höhenburg am Mittelrhein, die im Laufe ihrer Geschichte nicht zerstört wurde. Im frühen 13. Jahrhundert erbaut, ging sie bereits 1283 an die Grafen von Katzenelnbogen über. (Ausführliche Informationen: siehe Tour 16)

Zurück an den Rhein führt mich der Radweg entlang des Flusses nach Oberlahnstein, das ich über eine Parkanlage vor den Toren der Stadt erreiche. Über die *Kirchstraße* und an der nächsten Kreuzung rechts geht es dann in die Innenstadt und auf das Alte Rathaus zu, das sich direkt gegenüber der Fußgängerzone befindet.

Der alte Fachwerkbau mit dem Marktbrunnen wurde im 15. Jahrhundert errichtet und diente als kurfürstliches Rathaus. Das Obergeschoß wurde erst 1540 hinzugefügt. Im Untergeschoß, einer im gotischen Stil errichteten Halle, wurde einst der Markt abgehalten und auch Recht gesprochen (Gerichtslaube). Das Gebäude, das heute das Stadtarchiv beheimatet, kann nur im Rahmen von Stadtführungen besichtigt werden.

Durch die Fußgängerzone hindurch und dann der Ausschilderung Burg Lahneck folgend, steuere ich direkt auf die Burg zu. Ein sehr steiler Anstieg pumpt mir die Luft aus den Lungen und hechelnd erreiche ich die Burg. Hier sollte es auch so etwas wie einen Marksburg-Express geben!

Burg Lahneck ist schon von Goethe in einem Gedicht besungen worden, als er seine berühmte Lahntour unternahm, die ihn ja auch zum „Wirtshaus an der Lahn" führte, wo er mit Lavater und Basedow das Mittagsmahl einnahm. Von dieser weit bekannten Gaststätte genießt man einen herrlichen Blick auf die Burg Lahneck mit ihren fünfeckigen, 29 Meter hohen Bergfried. Trutzig steht die fast quadratische Burg hoch auf dem Felsen über der Stadt.

Burg Lahneck und das „Wirtshaus an der Lahn" – oder was schon Goethe inspirierte

Einen wirtschaftlichen Aufschwung nahm Oberlahnstein, als der erzbischöfliche Zoll um 1300 in die Stadt an der Lahnmündung verlegt wurde. Dies brachte Geld ins Stadtsäckel, das man auch schon aus dem äußerst einträglichen Silberbergwerk Tiefenthal einnahm. Um diese Geldquelle zu sichern, wurde seit etwa 1240 die Burg Lahneck hoch über dem Lahntal er-

TOUR 15 Kestert

richtet. Heute befindet sich die Burg in Privatbesitz und kann in der Zeit von Ostern bis Ende
Oktober besichtigt werden. Tel: 02621 - 27 89.

Und auf der anderen Seite des Stroms ist das
Schloß Stolzenfels zu sehen, der Namenspatron
des Ausflugsschiffes, das wir ja schon in
Kestert, dem Ausgangspunkt unserer kleinen
Rheintour gesehen haben. Und so schließt sich
der Kreis einer wunderschönen Radtour im Tal
der Loreley, den ich in einem Biergarten bei
einem kühlen Getränk ausklingen lasse.

ROMANTISCHE RHEIN-DÖRFER UND BENGALI-SCHE FEUER

Von Osterspai in den Kamper Wald und nach Braubach

Strecke: Osterspai - Kamper Wald - Dachsenhausen - Hinterwald - Mühlental - Braubach - Lahnstein.

Länge: Insgesamt 26 Kilometer.

Streckenverlauf: bis nach Dachsenhausen starke Anstiege; Weg verläuft oftmals auf Waldwegen, die nach Niederschlägen nur mit einem Mountainbike zu bewältigen sind.

Karte: Deutsche Radtourenkarte 30 und 31, Haupka-Verlag, Bad Soden/Taunus.

Nahverkehr: Deutsche Bundesbahn verkehrt zwischen Osterspai und Lahnstein. Busverbindungen ab Dachsenhausen.

*I*n Osterspai, der kleinen Rheingemeinde an der Rheinschleife zwischen Kestert und Braubach, solltest Du auf jeden Fall einen längeren Stopp einlegen", hatte mir ein Freund und Kenner des rheinischen Schiefergebirges nahegelegt. „So einen reizvollen, beschaulichen Ort bekommt man nicht alle Tage zu sehen", fügte er noch hinzu und empfahl mir, die Tour unbedingt im Frühling zu unternehmen. „Dann kannst Du Dich auf eine Blütenpracht einstellen, die ihresgleichen sucht!"

Solcherart eingestimmt habe ich mich auf den Weg gemacht, um mich selbst von diesem Naturspektakel zu überzeugen und mich an der Blütenpracht zu berauschen. Denn eins weiß ich ganz genau: Mike, der mir diesen Tip ge-

TOUR 16
Braubach

155

geben hat, gehört ganz sicherlich nicht zu den Leuten, die zu Übertreibungen neigen.

Eigentlich wollte ich noch meine Freundin Tamara bequatschen, mich auf dieser Radtour zu begleiten. Aber ein kurzer Blick auf die topografische Landkarte ließ mich davon Abstand nehmen: Von Null auf über 400 Meter über dem Meeresspiegel und Steigungen bis zu 16 Prozent, dies hätte bedeutet, daß wir eine ausgedehnte Wanderung unternehmen – und das wollte ich nicht!

Osterspai ein Juwel am Rhein

Am Bahnhof in Osterspai angekommen, schiebe ich mein Rad am alten Bahnhofsgebäude vorbei und komme direkt auf die Haupt- und Geschäftsstraße. Und ein erster, flüchtiger Blick entlang der fachwerkbestandenen Straße sagt mir, daß ich hier richtig bin. Eine freundliche, behagliche Stimmung umfängt mich, die sich das jahrhundertealte Rheindorf bewahrt hat – und dies, obwohl die nahegelegene Bundesstraße kaum 200 Meter entfernt durch das Rheintal verläuft. Aber kein Auto ist zu hören. Das Leben scheint hier abseits jeglichen hektischen Treibens zu verlaufen. Dazu paßt auch der strahlendblaue Morgenhimmel, der die Ortschaft in seine schönsten Farben taucht. Langsam, um alles in mich aufsaugen zu können, schlendere ich durch die *Hauptstraße* auf den gelb-weißen Turm der Pfarrkirche St. Martin zu – vorbei an der örtlichen Bäckerei, aus der es nach frischen Brötchen riecht und dem gegenüberliegenden weißroten Fachwerkensemble, das sicherlich auch zu meiner wohligen Stimmung beiträgt. Hatte ich oben noch angemerkt, daß Mike nicht zu Übertreibungen neigt, muß ich jetzt feststellen, daß er ein Meister des Understatements ist: Osterspai ist ein Juwel! (Osterspai: siehe auch Tour 15)

Altes Fachwerkgemäuer soweit das Auge reicht

Nur ungern trenne ich mich von der kleinen idyllischen Gemeinde, aber schließlich will ich heute ja auch noch nach Dachsenhausen und Braubach. Und was dies bedeutet, wird mir

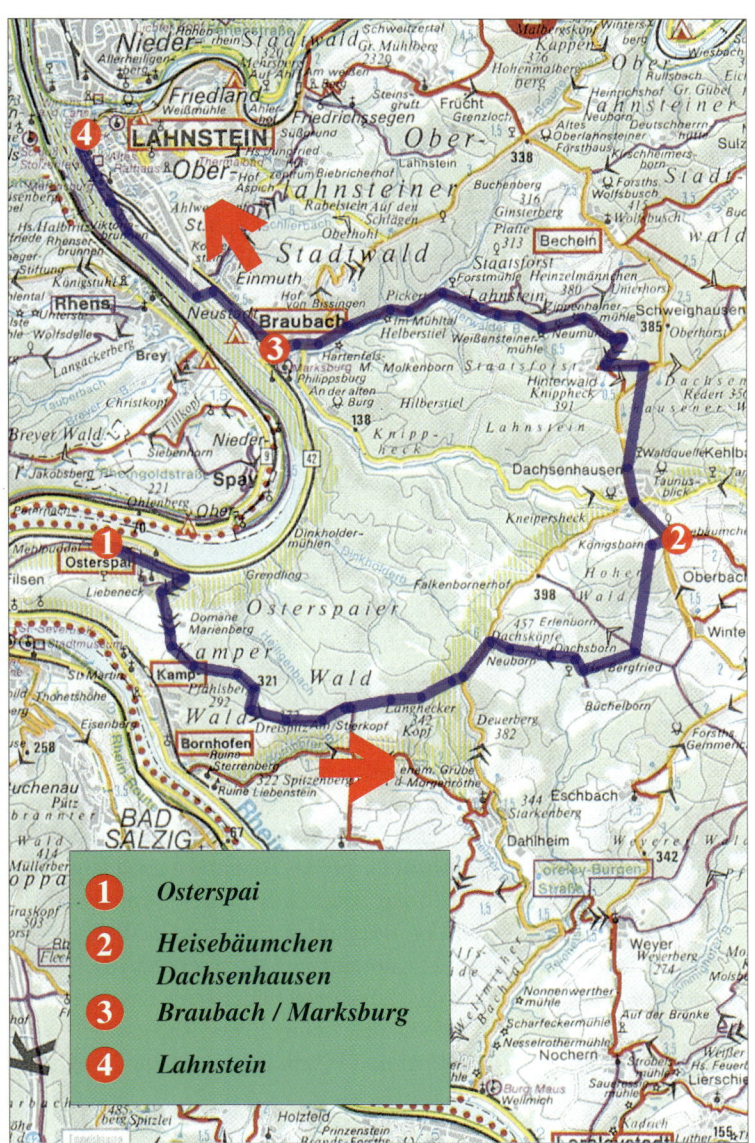

1 **Osterspai**

2 **Heisebäumchen
Dachsenhausen**

3 **Braubach / Marksburg**

4 **Lahnstein**

schneller deutlich, als ich es mir gewünscht hätte. An der barocken Pfarrkirche vorbei fahre ich rechts in die *Elligstraße* und auf die Bahnüberführung zu. Ein Blick nach oben – auf einem Felsvorsprung ist das Schloß Liebeneck zu erkennen – zeigt, welche Steigung auf den nächsten Metern zu bewältigen sein wird. Also halte ich noch einmal an und lasse meinen Blick

**TOUR 16
Braubach**

157

über „Vater Rhein" schweifen, der stromabwärts einen großen Bogen beschreibt.

So, dann heißt es noch einmal tief durchatmen und kräftig in die Pedale zu treten. Über den *Birkenweg* steigt die Straße so steil an, daß ich schon bald aus dem Sattel muß und wie ein Radrennfahrer bei der Tour de France stehend in die Pedale trete. Nur daß das Etappenziel hier nicht Alpes d´Huez, sondern Florianshütte heißt. In unzähligen Kehren schlängelt sich der Weg durch einen Wald den Berg hinauf. Meine Oberschenkel werden immer dicker und sind kurz davor zu platzen, der Schweiß läuft mir den Rücken herunter. Ab und an gibt der Wald einen Blick auf den Rhein frei, der immer kleiner unter mir erscheint und sich wie ein Band zwischen den Bergen herzieht.

Der schweißtreibende Anfstieg beginnt

Vollkommen außer Atem und mit Beinen wie Pudding erreiche ich die Florianshütte, eine solide gebaute Blockhütte, vor der eine rot-weiße Fahne weht. Hechelnd und nach Luft schnappend schleppe ich mich zu einer Bank, auf die ich mich fallen lasse. Pause und Wasser!

Nichtsdestotrotz hat sich die Anstrengung hier herauf gelohnt, da ich mit einem grandiosen Ausblick auf das Rheintal entschädigt werde. Auf der anderen Seite des Stromes erhebt sich der Bopparder Hamm, ein Weinanbaugebiet, während auf dem rechten Rheinufer Osterspai zu meinen Füßen liegt, das der Rhein malerisch umschlängelt. Die Rheinschleife von Osterspai und Filsen ist die größte des Mittelrheins.

Grandiose Aussichten auf Osterspai und den Bopparder Hamm

Trotz der noch frühen Morgenstunden mit ihrem klaren Licht knallt die Sonne bereits gnadenlos auf mich hinunter und brennt die letzten kleinen Wolkenfetzen vom blauen Himmel. Nachdem ich mich von den Strapazen des Aufstiegs erholt habe, schaue ich mir den Platz um die Hütte einmal genauer an, der hier auf einer Höhe von 190 m.ü.N.N. zum Verweilen und Träumen einlädt. Eigentlich müßte man an lauen Sommerabenden hier sein, wenn die Abend-

Blick auf Osterspai und das Bopparder Hamm

sonne den Platz mit seinen zahlreichen Bänken und Tischen in ein mildes, zartes Licht
taucht. Es steht sogar ein großer Grill zur Verfügung, neben dem Holzscheite aufgestapelt
sind und der zu romantischen Stimmungen ver-
führt, während die Liebespärchen Hand in
Hand am Abhang sitzen und den vorbeizie-
henden Schiffen ihre sehnsuchtsvollen Blicke
hinterherschweifen lassen.

Auch an Kinder ist gedacht worden, für die
Klettergerüste, eine Schaukel und eine Rutsche
aufgestellt wurden.

Ich kehre auf die asphaltierte Straße zurück,
die mich zwischen sattgrünen Wiesen und
Wäldern, vorbei an vereinzelten Bauerge-
höften, immer noch höher trägt. Es lohnt sich,
immer mal wieder einen Blick zurückzuwer-
fen: ich fühle mich an Almwiesen in den bayerischen Alpen erinnert.

An einem letzten Gehöft vorbei, verschluckt
mich der im Halbdunkel liegende Wald, in dem
mich der Geruch von Tannen und Kiefern umfängt. Es scheint, als wäre nun der höchste
Punkt des Anstiegs erklommen! Fast eben liegt
der befestigte Waldweg vor mir, der mich schon
bald zu einer Lichtung führt, die einen weiten
Ausblick über die farbenfrohe, sanft hügelige

***Ruhepause und
Erholung an der
Florianshütte***

**TOUR 16
Braubach**

Hochebene mit ihren Wiesen, Weizen- und Maisfeldern freigibt.

Ab sofort folge ich der Ausschilderung OD, dem Weg Osterspai - Dachsenhausen, der grün auf weiß den Weg weist, aber an manchen Stellen leider so versteckt angebracht oder zugewachsen ist, daß er nicht immer auf den ersten Blick auszumachen ist. Der gut befahrbare Schotterweg, der leicht wellig auf und ab durch den Mischwald führt, windet sich nach rechts der Aussschilderung nach Bornhofen folgend, um danach auf den „Dreispitz" und das „Dinkholder Tal" zuzuhalten. Hinter der Bezeichung „Dreispitz" verbirgt sich eine Schutzhütte im Wald, die auf meiner Karte mit dem Symbol für „schöne Aussichten" gekennzeichnet ist. Leider ist diese Ausicht jedoch in den letzten Jahren von hochgewachsenen Bäumen verdeckt worden, so daß die Hütte, die zirka 20 Meter vom Weg entfernt im Wald liegt, von keinem Sonnenstrahl erreicht wird und vom dunklen, schattigen Wald umhüllt ist. Die Ruhe, die mich hier auf einer Höhe von 377m.ü.N.N. umgibt, berührt mich seltsam. Sie beklemmt mich wie die Kinderangst, allein, verlassen und hilflos im Dunkeln zu stehen. Ein Reim kommt mir in den Sinn: „Im Keller ist es duster, da wohnt ein alter Schuster..." Der „Dreispitz" – ist so nicht auch der Teufel bewaffnet; oder war das ein Dreizack? –, strahlt etwas Mystisches aus, das ich mir im Moment nicht erklären kann. Erst als ich wieder auf dem Weg bin, gewinne ich meine Gelassenheit zurück und werde schon bald an fröhlichere Kindertage erinnert. Auf einer Lichtung, die sich zu meiner Rechten auftut, stehen Walnußbäume auf einer sonnenbeschienenen Wiese. Allerdings mahnt ein unübersehbares Schild, dieses Privatgrundstück nicht zu betreten oder gar die leckeren Früchte zu pflücken.

Da die Nüsse aber sowieso noch nicht reif sind, steige ich wieder auf mein Rad und lasse mich den abschüssigen Weg bis zu einer Ga-

Ab sofort führt der Weg durch schattigen Wald

belung hinunterrollen, an der ich den Schotterweg verlasse, der nach rechts abbiegt, und fahre geradeaus auf dem Weg entlang des Waldrandes weiter. Und dies bedeutet, daß das gemütliche Radeln erst einmal zuende ist. Tiefe
Rillen und Furchen durchziehen die Wegstrek-
ke, die nach Tagen schlechter Witterung dafür
sorgen können, daß man sich wie bei einem
Querfeldeinrennen fühlt und ebenso matsch-
verschmiert wie diese Fahrer ins Ziel kommt.
Gott sei Dank hat es in den letzten drei Wochen nicht geregnet, so daß der Boden hart und
knochentrocken ist. Dennoch ist hier sicherlich
ein Mountainbike zu empfehlen. Aber auch dieser Streckenabschnitt geht nach zirka einem Kilometer zuende und ich biege nach rechts auf
einen gut befestigten Schotterweg, der mich auf
eine Landstraße (L334) bringt, der ich links
nach Neuborn folge.

Am Gehöft Neuborn vorbei führt mich mein
Weg in Richtung des Weilers Büchelsborn. An
der Abzweigung sind auch die beiden Ausflugs-
lokale „Haus Bergfried" und „Dachsborn" ausgeschildert. Nach einigen hundert Metern windet sich die Straße steil abfallend in ein kleines
grünes Tal. Man gewinnt schnell so rasant an
Fahrt, daß die Gefahr besteht, den Blick für die
sanfthügelige Landschaft zu verlieren. Also
greife ich ab und an in die Bremsen, um meine
Augen über dies idyllische, verträumt wirkende kleine Tal schweifen zu lassen.

Es folgt natürlich der erneute Anstieg, der
mich am Haus Bergfried vorbeiführt, einem
weiteren Ausflugslokal, das kurz vor Erreichen
der Höhe auf der rechten Seite im Wald liegt.

Oben angekommen, schaue ich auf die Bü-
chelsborner Höfe hinunter, die im Tal vor mir
liegen, wende mich aber nach links und biege
auf den Forstweg entlang des Waldrandes. Dies
bedeutet, daß ich mich an der Gabelung, die
nach 20 Metern folgt, rechts halten muß. Der
sandige Forstweg bringt mich direkt zu einem
kleinen Rastplatz mit Tisch und Bänken, an dem
auch ich eine Verschnaufpause einlege und
meine Butterbrote hervorkrame. Ich genieße die

Über Neuborn
nach Büchelsborn

TOUR 16
Braubach

Ruhe, die vom Zirpen der Heuschrecken und dem Summen der Insekten begleitet wird, als sich plötzlich ein kleiner Wirbelsturm vor mir auf dem Weg bildet. Ein kleiner Taifun wirbelt den Sand bis zu zwei Meter in die Höhe und bewegt sich um die eigene Achse drehend über den Weg. Leider löst sich dieses Schauspiel genauso schnell wieder auf, wie es sich gebildet hatte. Ein kleiner Hurrikan – ich bin fasziniert und warte, ob sich der Wirbelsturm noch einmal bildet. Immer wieder wirbelt der Wind zwar den Sand auf, aber erreicht nicht mehr die Stärke und Höhe des ersten. Und ein Blick auf meine Uhr drängt zur Weiterfahrt.

Ich halte auf den Wald zu und biege nach weiteren zwanzig Metern rechts ab. Ein fester Waldweg führt mich immer geradeaus auf mein nächstes Ziel zu, wobei ich einen Fußballplatz mitten im Wald passiere. Am Waldende mündet der Weg auf eine asphaltierte Straße, die nach rechts in eine Landstraße führt. Von hier ist bereits das „Heisebäumchen" auszumachen, das auf der gegenüberliegenden Straßenseite den Blick auf sich zieht.

Das Heisebäumchen bietet weite Ausblicke in das „Blaue Ländchen"

Zwei Bänke laden beim Heisebäumchen zum Verweilen ein und bieten einen wunderschönen Rundblick in das „Blaue Ländchen", den Taunus und in den Hunsrück. Direkt vor mir in südlicher Richtung erkenne ich das kleine Dorf Oberbachheim.

Etappe: Dachsenhausen, das bereits vom Heisebäumchen aus zu erkennen war, erreiche ich über die Landstraße, die in die *Winterwerber Straße* und die *Marktstraße* übergeht, die auf die *Emserstraße* zuläuft.

Die 1000-Seelen-Gemeinde im Naturpark Nassau kann auf eine über 700jährige Geschichte zurückblicken – die erste urkundliche Datierung stammt aus dem Jahre 1277, damals noch unter dem Namen Dosinghausen, der sich im Laufe der Jahrhunderte in das bekannte Dachsenhausen wandelte. Und einen berühm-

ten Sohn hat die kleine Gemeinde auch vorzu-
weisen: seit 1530 war die Familie Opel-Abel
hier ansässig, aus der der Unternehmer Adam
Opel hervorging – der allerdings nicht mehr
hier geboren wurde.

Etappe: Über die *Emserstraße* in Richtung
Becheln und Hinterwald.

Nach einem Anstieg verlasse ich beim Café
Waldquelle die vielbefahrene Landesstraße
L333. Entlang des Waldrandes fahre ich etwa
200 m bis zur Wegekreuzung. Dort folge ich
halb links der ehemaligen Bahntrasse durch den
Wald, bis ich auf die Straße L332 treffe. Hier
biege ich nach links ab und überquere nach rund
100 m die kreuzende L 333 und komme nach
einer Fahrt durch den Wald in Hinterwald
an.Nach Hinterwald beginnt eine sieben Kilometer lange rasante Abfahrt durch das Tal der
Mühlen – was ich mir nach der anstrengenden
Fahrt bis Dachsenhausen auch verdient habe.

Märchenhafte Atmosphäre entlang des Mühlbaches

Fast fliegt die Landschaft an mir vorbei...
Aber eigentlich ist es bedauerlich, so schnell
durch dieses grüne waldbestandene schattige
Tal zu rasen. Immer wieder bremse ich ab, um
die idyllische Atmosphäre auf mich wirken zu
lassen, die etwas Märchenhaftes auszustrahlen
scheint. Und so erreiche ich Braubach für meinen Geschmack viel zu schnell – vielleicht sollte ich mir dieses Tal, durch das der Mühlbach
plätschert, für eine Wanderung vormerken?!

Zum ersten Mal nähere ich mich Braubach
und der Marksburg quasi von hinten – und auch
von hier bietet sie einen ähnlich imposanten Anblick wie von der Rheinseite. Ich kann mich
über die *Unter-* bzw. *Ober-Allee-Straße* bis in
die Altstadt und zum Markt rollen lassen, den
ich via *Obermarktstraße* erreiche. Hier am Fuße
der alles überragenden Marksburg tritt der mittelalterliche Charakter der kleinen Stadt am
Rhein am stärksten zutage. Und die zahlreichen
Weinlokale, an deren Außenwänden sich Wein-
reben emporranken, zeigt deutlich, wovon die

Braubach mit seinem mittelalter-lichen Ortskern lädt zum Verweilen ein

**TOUR 16
Braubach**

Einheimischen leben. Denn die Geschichte Braubachs ist mit dem goldenen Rebensaft aufs engste verknüpft.

Die Stadt, die von grünen Rebenhängen umgeben ist, wurde schon bei ihrer ersten urkundlichen Nennung 691/92 mit Weingärten in Verbindung gebracht. Dies ist übrigens auch der erste urkundliche Beleg über den rechtsrheinischen Weinanbau am Mittelrhein überhaupt. Und daß diese Hauptnahrungsquelle der Braubacher nicht immer den romantischen Vorstellungen entspricht, die gemeinhin im Umlauf sind, zeigen Dokumente aus dem Stadtarchiv. Darin heißt es in einem Bericht von 1658: „beschwerlich ist die Arbeyt in den hiesigen schlechten, ahn den Klippen hengenten steynichten Wingarten,...haben wir aber keine andere Nahrung alß den einigen schweren Weinbau". Verordnungen verlangten von den Pächtern unter Androhung empfindlicher Strafen, daß sie „schneiden, graben, senken, lauben, setzen, roden, Steine auswerfen und alle neun Jahre" den Weinberg „misten" müßten.

In einem Reiseführer hatte ich gelesen, daß Braubach, „das romantische, etwas verträumte Städtchen am Rhein mit seinen engen, mittelalterlichen Gassen und den zahlreichen Fachwerkhäusern den Besucher in eine mittelalterliche Welt versetzt". Und dem kann ich nur zustimmen, insbesondere die Kulisse am Markt, über dem die Marksburg thront, kann dem Besucher jene Stimmung vermitteln.

Ein Spektakel der besonderen Art, das diese Atmosphäre noch unterstreicht, bietet Braubach jeweils am zweiten Samstag im August. Zu „Rhein in Flammen" erglühen dann Burg, Berge und Stadt in bengalischem Feuerzauber.

Aber auch das farbenfrohe Burgfest, das alle zwei Jahre stattfindet, bietet viele Reize. Während der Ritterspiele – aber nicht nur zu dieser Zeit – hat man die Möglichkeit, einmal bei Ritters in der „Schloßküche" zu speisen. Natürlich ließe sich an dieser Stelle auch noch vieles über die Architektur und Geschichte der Burg berichten – aber da will ich den kompetenteren

Die schwere Arbeit des Weinanbaus

Burg und Berge erglühen im bengalischen Feuer

TOUR 16 Braubach

Der Marktplatz in Braubach

Burgführern, die auch manche Anekdote auf Lager haben, nicht vorgreifen. Schauen Sie mal selbst rein.

Etappe: zum Rhein und entlang des Flusses auf dem Radweg nach Lahnstein fahren (siehe Tour 15).

Für den Abend habe ich mir vorgenommen, mich auf Goethes Spuren zu begeben, der im „Wirtshaus an der Lahn" ebenfalls Station gemacht hat. Und trotz aller Naturschönheiten und alten Rheinstädte, die ich heute besucht habe, werde ich morgen eine flachere Etappe in Angriff nehmen. Entlang der romantischen Lahn geht es dann nach Bad Ems und Diez (siehe Tour 1).

**TOUR 16
Braubach**

A

Aar 66, 67, 68, 71, 72, 75, 76
Ackerbach 94
Adelsheimer Hof 34, 35
Allendorf 77, 87
Altendiez 55, 56
Arnstein 45, 46, 47
Arzbach 25, 26, 27, 30
Attenhausen 77, 85
Augustiner Mühle 101
Aull 56

B

Bad Ems 9, 11, 12, 13, 14, 15,
    25, 28, 32
Balduin von Luxemburg 51
Balduinstein 44, 48, 51, 52, 55,
    62, 63
Becheln 19, 22, 23
Berghausen 90, 92
Bergnassau 19, 23
Berndroth 77, 87
Bettendorf 91, 97, 111
Blücher 120, 121, 140, 142
Birlenbach 55, 62, 64
Blaues Ländchen 102, 109, 110
Bogel 135, 138, 139
Bornich 117, 123, 124, 135,
    138, 142
Braubach 143,152ff, 163, 164
Bremberg 77, 84
Brunnenburg 79, 84
Burg Gutenfels 121, 122
Burg Hohlenfels 74
Burg Katz 126
Burg Lahneck 153
Burg Liebenstein 144, 146, 147
Burg Maus 126
Burg Nassau 9, 17, 24
Burg Reichenberg 124, 125
Burg Rheinfels 126
Burg Sterrenberg 144, 146, 147
Burg Stolzenfels 144, 154
Burgruine Aardeck 67

C

Carl Maria von Weber 14
Clara Schumann 14
Clemens Brentano 136

D

Dachsborn 161
Dachsenhausen 155, 156, 160,
    162, 163
Dausenau 9, 11, 12, 13, 16, 25,
    30, 31, 32
Dessighofen 101, 107
Dienethal 19, 23, 101, 104
Dies 34, 35, 38, 40, 41, 42
Diethardt 109, 111, 112
Diez 44, 46, 48, 51, 52, 53, 54,
    55, 56, 62, 63, 64, 66, 67,
    73
Dörsdorf 66, 75, 77, 87, 89, 92
Dörscheid 117, 122, 135, 142
Dostojewski 14

E

Ehr 101, 107
Eppenrod 56, 61

F

Fachbach 9, 12
Fachingen 44, 52
Filsen 149, 150, 151
Florianshütte 158
Forstbachtal 117, 123-126
Forsthaus 19, 22
Franz Liszt 14
Freiherr vom und zum Stein
    16, 21, 35
Frücht 21, 22

G

Geilnau 44, 48, 50, 62
14, 16, 62
Görgeshausen 55, 56, 60
Gogol 14
Gutenacker 77, 83, 84

H

Habenscheid 77, 79, 82, 83
Hahnstätten 66, 71, 72, 73
Hambach 56
Haus Bergfried 161
Heinrich Heine 136
Herthasee 61, 62
Heisebäumchen 162
Hinterwald 155, 163
Hirschberg 55, 61
Hof Bärbach 77
Hof Habenscheid 77, 79
Hollermühle 79, 86, 91, 95
Holzappel 44, 48, 50, 55, 61, 62
Holzhausen 89, 96
Holzheim 67
Hübingen 34, 38, 40, 41
Hunzeler Wald 77

J

Jammertal 43, 79, 85
Johannes Bückler 98

K

Katzenelnbogen 66, 67, 74, 76-78, 80-82, 87, 89, 90, 94
Kaub 109, 114-122, 125
Kamp-Bornhofen 143, 144, 146, 148-150
Kamper Wald 155
Kemmenau 27, 28
Kestert 143, 144, 154
Kloster Arnstein 34, 42, 43
Kloster Schönau 109, 112-114
Kreuzeiche 34, 37, 38, 40

L

Lahnstein 9-11, 143, 144, 155, 156, 158, 160
Laurenburg 44, 47, 48-51
Limes 23, 104
Lipporn 109, 113, 115
Loreley 117, 122-126, 135, 136, 138, 142

M

Marienfels 101, 107, 108
Marksburg 152, 153, 163, 164
Miehlen 101, 102, 108, 89, 91, 95, 98-100
Miellen 9, 12
Mühlental 155
Münchenroth 109, 112

N

Napoleon 36, 120
Nassau 9, 11, 15, 16, 17, 18, 19, 21, 22, 24, 34, 35, 37, 41, 44, 50, 101, 104, 106, 107
Nastätten 89, 91, 96, 100, 101, 103, 108, 109, 110, 111, 114
Neuborn 161
Niederbachheim 101, 107
Niederwallmenach 135, 138, 140
Nievern 9, 12, 19, 21
Nieverner Hütte 12

O

Oberlahnstein 153
Oberneisen 68, 71
Obernhof 34, 42, 44, 48
Obertiefenbach 77, 86, 89, 96
Oberwallmenach 135, 140
Osterspai 143, 150, 151, 155, 156, 158, 160

P

Patersberg 117, 126
Pfalzgrafenstein 117-120, 125
Plätzer Mühle 79, 86, 91, 95, 96
Pohl 77, 86, 101, 103

R

Reichenberg 117, 123-126
Reitzenhain 135, 138

Rettershain 109, 113, 135, 140,
Rettert 89, 94, 95
Römerquelle 25, 27
Römerturm 25, 27
Rückershausen 66, 67, 75

S

Sauerthal 109, 114, 116
Schaumburg 51, 52, 55, 63, 64
Scheidt 44, 48, 50
Scheuern 24
Schinderhannes 103
Schloß Langenau 34, 42, 45,
    46
Schloß Oranienstein 46, 53
Schloß Stolzenfels 10
Schöne Aussicht 28
Schweighausen 101, 106, 107
Sehnental 135, 138
Singhofen 101, 103, 104
St. Goarshausen 109, 111, 116,
    117, 124-126

Steinsches Schloß 34, 35
Strüth 109, 112
Sulzbach 19, 23

T

Tiefenbach-Tal 109, 115

W

Weidenbach 109, 112
Weinähr 34, 41, 42
Weisel 109, 114, 115, 135, 140-
    142
Welschneudorf 25, 27, 28, 30
Welterod 109, 112
Winden 34, 37, 38, 42
Wirtshaus an der Lahn 10, 16,
    25, 30, 31
Wolfsbusch 23

Z

Zollhaus 74